JN069347

昭和37年3月
九州鉄道旅行写真帖

鹿児島本線、長崎本線、日豊本線、豊肥本線、松浦線、佐世保線、臼ノ浦線、世知原線、柚木線、大村線、吉都線、肥薩線、志布志線、指宿枕崎線、西日本鉄道（大牟田線・福岡市内線・北九州線）、島原鉄道、熊本電気鉄道、熊延鉄道、南薩鉄道、若松市交通局、長崎電気軌道、熊本市交通局、鹿児島市電、大分交通

写真：小川峯生　　解説：牧野和人

架線とビームを繋ぐ大きな碍子は交流電化区間らしい眺めだった。電化に伴い建設された架線柱は、将来の増線を想定して、下り線外側の幅に余裕を持たせて建てられた。1966（昭和41）年10月1日に上戸畑信号場〜八幡駅間が複々線化され、北九州を横断する門司駅〜折尾駅間が複々線となった。
◎鹿児島本線　八幡　1962（昭和37）年2月28日

.....Contents

まえがき

　日本が第二次世界大戦の敗北で受けた大きな痛手から立ち直り、さらなる繁栄に向かって羽ばたき始めた昭和30年代。小川峯生さんは近代化への先鞭をつけた当時の鉄道を具に見聞して旅をされた。

　夜行列車に揺られて訪れた昭和37年早春の九州。蒸気機関車が牽引する特急やヘッドマークをつけた気動車準急。それらは現在の視点から考察すると特急、急行列車網が確立される前のすぐに消えゆく花火のような、はかなさを伴った過渡期の魅力的な情景であった。小川さんは特に路面軌道に注目された。各都市の路面電車には廃止されて現存しない路線が多い。また今日まで現役である電車でも、行先幕に記された停留場名が廃止路線のものであるなど、探求心をくすぐる写真がいつくも見られる。ページをめくるたびに、時間旅行を司る時計の針が１つずつ物語を刻む。

2023年７月　　牧野和人

国鉄駅前の停留場に入って行く300形。第二次世界大戦が終結し、復興の機運が高まる世相の中、各社で新型車両の投入が推し進められ始めた頃に製造された車両だ。鋼製車体を備える12m級車である。前照灯は運転台下と屋根部の２か所にあった。乗降扉は片側に２か所ずつ設置されている。

1962(昭和37)年当時の時刻表の路線図

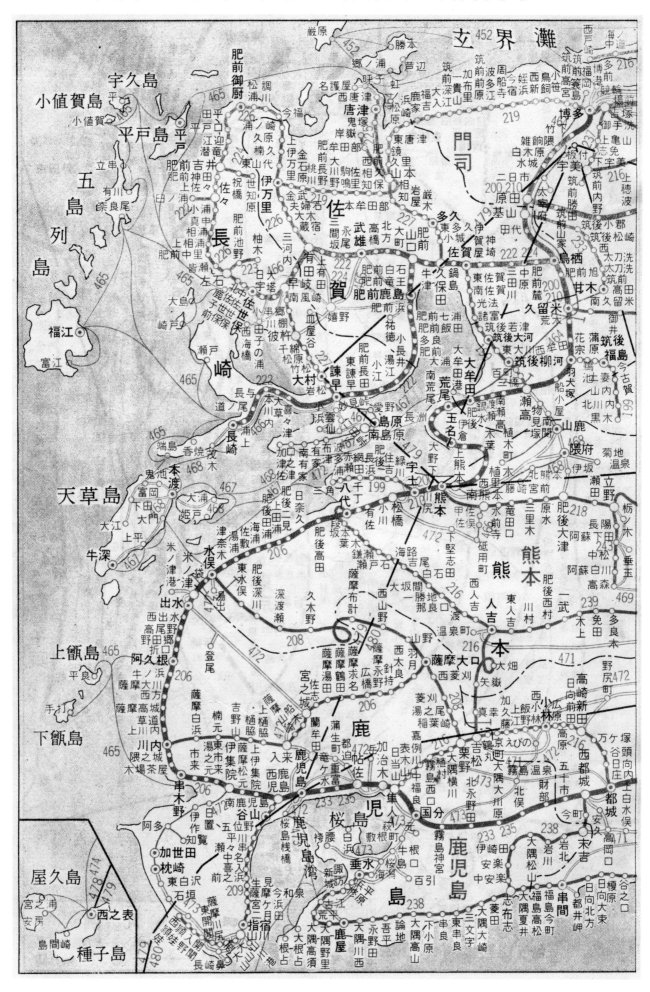

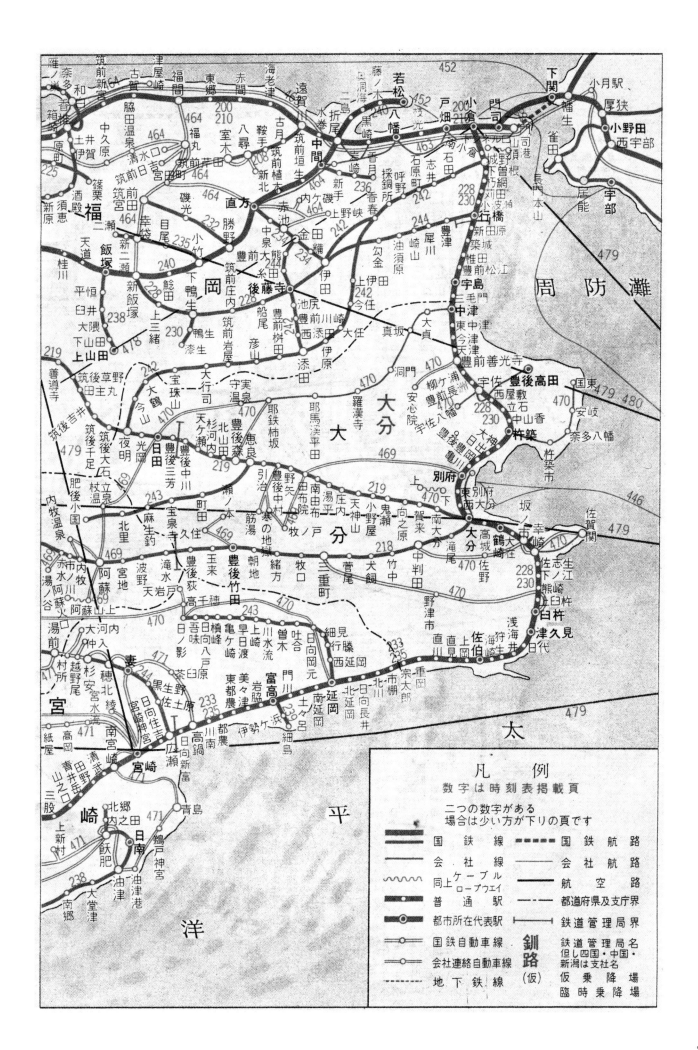

凡　例

数字は時刻表掲載頁

二つの数字がある
場合は少い方が下りの頁です

国 鉄 線	国 鉄 航 路
会 社 線	会 社 航 路
同上 ケーブル ロープウエイ	航 空 路
普 通 駅	都道府県及支庁界
都市所在代表駅	鉄道管理局界
国鉄自動車線	鉄道管理局名 但し四国・中国・ 新潟は支社名
会社連絡自動車線 釧路 (仮)	
地 下 鉄 線	仮 乗 降 場 臨時乗降場

5

昭和37年当時の時刻表（九州の一部）

八代—人吉—吉松（肥薩線・下り）

37.10.1改正	駅名	始発	881	113D	613D	861D	615D	2105D	871	121	617D	619D	609D	883	621D	809D	817	625D	627D	629D
キロ程				門司港2330					博多845	鳥栖705			熊本1309	博多1303		門司港1310		熊本1813		
0.0	八代発		…	545	745	…	1009	1123	1143	1313	1415	1534		1608	1712	1818	1918	2024	2137
5.2	段		…	554	753		1018	↓	1153	1320	1424	↓		1615	↓	1828	1926	2031	2144
11.0	坂本		…	604	800		1030		1203	1328	1431			1622		1838	1934	2038	2151
14.4	葉木		…	612	806		1035	1準園	1211	1333	1437	1準園		1628	1準園	1845	1939	2044	2157
16.8	鎌瀬		…	1	810		1039			1337	1441			1632			1943	2048	2201
19.6	瀬戸石		…	621	818		1044		1220	1342	1445			1636		1855	1952	2059	2205
23.5	海路		…		823		1049			1347	1451			1642			1957	2104	2211
26.7	吉尾		…		828		1054			1352	1455			1646			2002	2109	2215
29.8	白石		…	636	833		1059	第えびの1	1249	1357	1503	第えびの2		1652	くまがわ	1910	2009	2114	2220
34.9	大坂間		…	645	840		1106		1258	1404	1509			1658		1919	2016	2121	↓
39.8	一勝地		…	655	847		1113		1307	1411	1516			1705		1931	2024	2128	2233
42.4	那口		…	701	851		1118		1313	1415	1521			1710		1937	2029	2132	↓
45.3	渡		…	707	856		1123		1319	1420	1526			1715		1946	2033	2137	2241
48.4	西人吉		…		901		1129			1425	1531			1720			2039	2142	↓
51.8	人吉着発		…	717	906		1133	1218	1330	1429	1535	1628		1724	1806	1956	2043	2147	2249
			636	727	911	1018	…	1221	1337	…	1437	…	1630	1650	1748		2013	2051	…
62.2	大畑		706	757	湯前654	1048	西鹿児島1424	1234	1407	…	湯前		1843	1723	1818	815	2042	湯前2130	…
71.7	矢岳		740	827		1122			1441		前着1516		1710	1756	1852		2112		…
79.0	真幸		756	842		1138	1300		1457				1710	1812	1907		2127	前着2131	…
86.8	吉松着		810	855		1152	1310		1511				1720	1826	1921		2140		…
終着			…	都城1051				宮崎1509					宮崎1916							

佐々—世知原

37.10.1改正	キロ程	駅名	921D	923D	925D	927D	929D		330D	931D	933D	935D
	0.0	佐々発	6 35	…	…	14 50	…		15 45	17 02	…	…
	1.6	上佐々〃	6 39			14 54		佐世保発	15 49	17 06		
	3.8	肥前神田〃	6 43			14 59			15 53	17 10		
	5.2	肥前吉井〃	6 53	7 30	9 24	15 03	18 20	保発	15 59	17 58	19 32	21 45
	9.1	祝橋〃	7 00	7 37	8 31	15 10	20 27		16 06	18 05	19 39	21 52
	11.9	世知原着	7 06	7 43	8 37	15 16	10 33		16 12	18 11	19 45	21 58

佐世保 — 柚木（柚木線）　37.10.1改正

キロ程	駅名	711D	713D	715D	717D
0.0	佐世保発	601	…	1601	…
1.3	中佐世保〃	604	…	1604	…
3.2	北佐世保〃	611	…	1611	…
6.4	左石〃	621	730	1630	1805
7.0	肥前池野〃	625	734	1634	1809
10.3	柚木着	630	739	1639	1814

37.8.10現在　福岡市内線（西日本鉄道）

区間　姪の浜—九大前・渡辺通三丁目—渡辺通三丁目（循環線）・渡辺通一丁目—西新町・千代町—吉塚駅前・呉服町—博多駅前
運転時間500—045　頻繁運転　運賃片道13円　往復25円

37.11.10現在　荒尾市営電車

区間　荒尾—境崎—宮内—本村—揚増水—シオン園前—新生区—緑ケ丘（5.1キロ）
運賃　13円均一　35—40分毎運転
運転時間　荒尾発615—2200　緑ケ丘発550—2125

37.12.10現在　長崎市内電車（長崎電軌）

連絡船（電車連絡　水之浦.旭町.向島　20円）（電車連絡　戸町.立神　22円）
530—2320　15—30分毎
電車　530—2400　頻繁運転　15円均一
バス　630—2210　頻繁運転　1区10円　2区15円

36.10.1訂補　熊本市営電車

運賃　15円均一
運転時間　市内線.川尻線共　540—2400

37.12.10現在　鹿児島市営電車・バス

電車　市内線1回15円　市外線1回5円
600—2350　頻繁運転
バス　均一制区間1路線15円　2路線20円　区間制5円
650—2207　頻繁運転

熊本 — 豊後竹田 — 大分（豊肥本線）　37.10.1改正

（宮地停車　2月28日まで）

キロ程	駅名	711	713	779	715	717	2903D	719	721	2902D	723	905D	741	725	727	729	911D
0.0	熊本 本発	…	…	…	…	544	740	748	928	1155	1202	1414	1420	1600	1725	2110	…
3.6	南熊本	…	…	…	…	551		755	934		1209		1426	1606	1731	2115	
5.8	熊本水前寺	…	…	…	…	556	748	800	939	1園(ひかり)	1215		1432	1612	1737	2119	
8.9	竜田口	…	…	…	…	602		806	945		1224		1438	1618	1745	2124	
15.8	三里木	…	…	…	…	616	1準	820	1003		1235	1準	1450	1632	1800	2133	
18.9	原水	…	…	…	…	621		826	1008		1240		1455	1638	1805	2137	
22.6	肥後大津	…	…	…	…	628		833	1014		1246		1501	1644	1812	2142	
27.2	瀬田	…	…	…	…	639		845	1025		1256		1511	1655	1823	2148	
32.3	立野 着	…	…	…	…	650	818	855	1036	1230	1307	1453	1522	1706	1833	2156	
32.3	立野 発	…	…	…	…	652	819	858	1038	1231	1310	1454	1528	1708	1844	2157	
40.2	赤水	…	…	…	…	714		919	1059		1332	1509	1551	1732	1905	2214	
42.6	市ノ川	…	…	…	…	718		924	1103		1336		1556	1736	1909	2218	
46.4	内牧	…	…	…	…	725		930	1110		1347		1602	1743	1916	2222	
49.9	阿蘇	…	…	…	…	732	845	938	1117	1256	1353	1524	1609	1750	1922	2227	
53.4	宮地	…	…	513	…	746	849	944			1403	1529	1619	1757	1927	2232	
64.1	波野	…	…	555	…	809	火の山		1151		1427		1645	1836			
69.0	滝水	…	…	605	…	816			1158		1436		1656	1843		1園	
75.2	豊後荻	…	…	624	…	824			1207		1444		1704	1852			
84.9	玉来	…	556	648	…	836	930		1219		1456		1716	1904			
88.0	豊後竹田 着	…	608	655	…	841	935		1223	1338	1500	1608	1720	1908			
88.0	豊後竹田 発	601	622	…	717	849	936		1232	1339	1506	1609	1733	1913			
93.9	朝地 地方	610	631	…	726	859			1244		1516		1651	1922			
100.3	緒方 口	619	640	…	736	911			1257		1525		1700	1932			
105.4	吹町	626	647	…	743	918			1304		1532		1707	1939			
111.9	三重町 尾	637	659	…	754	929	1002		1320	1404	1542	1638	1719	1949			
117.3	菅尾	644	706	…	807	940			1328		1553		1726	1957			
125.2	犬飼 飼	655	717	…	822	950			1351		1603		1737	2016			
130.8	竹中	703	725	…	838	959			1351		1612		1745	2016			
136.3	中判田	712	739	…	845	1007			1400		1620		1754	2024			
142.9	滝尾	723	752	…	858	1016			1411		1629		1803	2033			
148.0	大分着	730	759	…	905	1023	1045		1419	1440	1636	1714	1810	2040			
160.1	別府着	…	…	…	…	1107			1454		1701	1728	1848	2112			

（左上の大表：鹿児島本線方面 列車時刻表）

久留米 5139M	雑餉隈 5013M	筑前内野 439D	長崎佐世保 307D	小倉 957D	荒木 4131M	原田 619	雑餉隈 5015M	西鹿児島 101D	雑餉隈 4133D	小倉 959M	佐世保 431	雑餉隈 5135M	久留米 5017M	博多 805D	駅名
電	…	下関1355	…	電	下関1423	…	電	宮崎	小郡1336	…	…	電	電	米子905	始発
1322	…	‖	…	1415	‖	1420	1452	1457	…	1504	1510	1521	1552	‖	門司港
1327	電	1404	…	1421	1430	1427	1457	1505	…	1510	1517	1526	1557	1612	門司
1328	1358	1405	…	1422	1430	1437	1458	1506	1511	1521	1527	1558	1613	小倉
1334	1404	1411	…	1429	1436	1446	1503	1512	1518	1529	1534	1604	1619	戸畑
1335	1405	1414	1445	1610	1436	1448	1505	1515	1515	1538	1535	1605	1620	枝光
1341	1411	1421	1451	1619	1443	1456	1511	1521	2437D 直方	1547	1541	1611	1627	八幡
1345	1415	1426	1458	1623	1446	1501	1515	1525	1504	1552	1545	1615	1634	黒崎
1348	1418	1431	1458	1629	1450	1507	1518	1528	1522	1557	1548	1618	1634	折尾
1352	1422	1436	1503	1633	1454	1513	1522	1532	1601	1557	1622	1643	水巻
1357	1427	1508	1640	1459	1527	1537	1544	1608	1557	1627	1644	遠賀
1357	1427	1509	1502	1527	1537	1612	1601	1627	海老津
1401	1505	1544	1617	1604	赤間
1404	1510	1549	1624	1609	東福間
1409	1517	1556	1632	1616	古賀
1416	1522	1601	1638	1621	新宮
1421	1533	1607	1612	1651	1627	香椎
1427	1537	1611	1656	1631	箱崎
1431	1542	1616	1702	1636	吉塚
1436	1547	1621	1626	1708	1641	博多
1441	1552	1626	1714	1646	竹下
1446	1555	1628	1634	1718	1648	雑餉隈
1448	1558	1631	1637	1721	水城
1451	1605	1612	1632	1739	1653	1705	二日市
1452	1509	1551	1600	1645	1607	1615	1739	1707	原田
1456	1513	1625	1604	1611	1636	1745	1711	基山
1501	1517	1631	1610	1615	1640	1750	1701	1716	田代

鳥栖 ── 長崎・肥前山口

キロ程	駅名	511 佐世保	411 長崎 門司港2233	513D 佐世保	413 佐世保	415 佐世保	515 佐世保	417 佐世保長崎	303D 長崎博多650	2303D 佐世保	419 佐世保	33 長崎東京1230	2033 佐世保	421 佐世保長崎	205 長崎京都2000	1 長崎東京1635	619D 西唐津博多918	209 佐世保大阪2143	437D 佐世保
0.0	鳥栖 発	…	140	…	…	500	…	621	717	…	728	853	…	907	928	1003	1032	
4.2	肥前麓 〃	…	①	…	…	506	…	628	…	…	735	…	…	914	…	1010		
8.5	中原 〃	…	155	…	…	513	…	636	1準園	…	742	1急	…	922	1急(玄海)	特急(さくら)	1017	1急(平戸) 1023	
13.1	三田川 〃	…	202	…	…	519	…	643	↓	…	748	(雲仙)	…	929	933		1023		
15.7	神埼 〃	…	207	…	…	524	…	647	↓	…	754	↓	…	935	940		1027		
20.2	伊賀屋 〃	…	↓	…	…	530	…	654	↓	…	800	↓	…				1033		園
25.0	佐賀 着発	…	219	…	…	537	…	701	741	…	806	921	╳東京	947	1000	1018	1039	1044 1101	1110
28.1	鍋島 〃	…	227	…	…	539	…	704	742	…	820	923	佐世保	951	1004	1019			1116
31.5	久保田 〃	…	↓	…	…	544	…	709	…	…	829		↓東京	956	1033				1128
34.3	牛津 〃	…	237	…	…	550	…	715	…	…	835		↓	1038					1132
39.7	肥前山口 着	…	250	…	…	601	…	727	756	…	847	939	↓	1045	1019			1117	1137
39.7	肥前山口 発	…	302	…	…	603	…	729		759	849		941	1047				1120	1139
44.8	大町 〃	…	310	…	…	610	…	736	第なかさき1	856				1054					1145
47.1	北方 〃	…	315	…	…	615	…	741	1急園	901		1急	1058						1149
51.1	高橋 〃	…	321	…	…	621	…	747		907				1103					1155
53.4	武雄 着発	…	326	…	…	625	…	750		813 911			957	1107			1136		1158
58.0	永尾 〃	…	329	…	541	628	…	753		815 914			1000	1109			1139		1200
61.2	三間坂 〃	…	343	…	551	638	…	803		924		第弓1張	1022	1119	╳	╳		1211	1211
65.4	上有田 〃	…	350	…	556	644	…	808		829 929			(西海)	1124			1215		1215
67.9	有田 〃	…	359	…	603	651	…	815		936			1022	1130	園2	B2 AB2	1158		1221
75.4	三河内 〃	…	409	①	618	706	…	829		832 951			1137						1233
79.6	早岐 着発	…	415	園	624	712	…	835		843 957			1147	517			1211		1238
82.3	大塔 〃	431	426	600	631	726	752	853		847 1011			1035	1152	924			1216	1241
85.2	日宇 〃	437		605	636	732	800			1016		園2	1041	1158	930				1249
88.5	佐世保 着	444		610	642	739	806	906		1023				1207	937				1254
		450		615	647	745	811	912		858 1028			1056	1213	943	1232			

		311D		313D	315 343D	317D	319		817D	345D		821D	321			825D		
39.7	肥前山口 発	…		…	455 633	…	739	758	…	900	947	…	1054	1022		…	
44.8	肥前白石 〃	…		…	503 639	…	747	…	…	907	…	…	1102			…	
49.5	肥前竜王 〃	…		…	509 645	…	756	…	…	913	…	…	1113			…	
54.7	肥前鹿島 〃	…		…	517 652	…	804	813	…	923	1004	…	1121	1055		…	
57.7	肥前浜 〃	…		…	525 656	…	821	…	…	931	…	…	1128	1112		平戸佐世保間	
61.6	肥前七浦 〃	…		(大村線経由)	531	…	827	…	…	943	…	…	1134				
63.7	肥前飯田 〃	…			536 園	園	833	…	…	947	…	…	1139			3825D	
67.8	多良 〃	…			545	655	840	…	…	953	…	…	1148			平戸口発1050	
75.7	肥前大浦 〃	園			555	705	853	…	…	1005	…	…	1200				
82.4	小長井 〃	503			605	…	903	…	…		1041	…	1209				
87.7	湯江 〃	509			613 811	730	916	…	…		…	…	1220				
91.0	小江 〃	514			619 佐発	734	921	佐発	…		…	佐発	1225				
95.7	肥前長田 〃	523			626 世保	740	927	世保	…		…	世保	1232				
97.6	東諫早 〃	527			630	744	931		…	859	910		1236				
100.5	諫早 着発	532	551		635 653	749	936		910			1103	1125 1242	1207	1147	1344	
		538	557	620	640 710	755	1003	904	915			1106	1130 1251	1210	1148	1345	
107.0	喜々津 〃	545	606	628	649 718	802	1017				1139		1301			1352	
114.2	大草 〃	554	617	641	659 731	814	1053		1園			1318			1401	
119.3	本川内 〃	612	↓	653	↓ 743	829	↓		園			1334			園	
122.4	長与 〃	621	634	700	716 751	840	1109		939			1159 1341			1414	
125.9	道ノ尾 〃	628	642	709	723 802	847	1116					1349			1421	
130.5	浦上 〃	634	649	715	730 809	853	1123	934	953		1208	1355			1426	
132.1	長崎 着	637	653	718	734 813	856	1127	937	956		1142	1212 1359	1247	1225	1429	

佐々 ── 臼ノ浦（臼ノ浦線）園

キロ程	駅名	811D	813D	617	815D
0.0	佐々発	6 08	6 47	8 23 園	17 35
3.8	臼ノ浦着	6 14	6 53	8 30	17 41

平戸口着808┐　┕肥前吉井発807（吉井──佐々間休日運休）

キロ程	駅名	812D	314D	814D	816D
0.0	臼ノ浦発	6 19	7 14	8 50	18 47
3.8	佐々着	6 25	7 20	8 56	18 53

伊集院 ── 枕崎・知覧　運　（南薩鉄道）

37.12.10 現在

…	…	…	807	1201	…	…	1952	…	↓	発西鹿児島着	642	…	…	1053	1802	…	…	…
549	715	758	849	1235	1830	1926	2036	2111	キロ程 円	発伊集院国着	608	711	748	916	1007	1729	1902	2054	2129
607	731	814	916	1252	1846	1944	2053	2128	7.9 50	〃 日 置発	551	655	731	859	949	1713	1846	2034	2112
650	807	851	957	1332	1930	2022	2130	2144	26.7 150	〃 加世田〃	514	616	819	901	1850	1950	2034	
705	813	902	1005	1338	1945	2028	2134	2208	29.0 160	〃 加世田〃	510	612	646	815	857	1629	1756	1946	2030
745	853	944	1045	1418	2025	2108			49.6 270	着枕 崎発	…	559	726	808	1544	1711	1901	1940

上表の他
伊集院発枕崎行 758.1052.1327.1450.1657.1737　加世田行 948
伊集院行枕崎発 859.1105.1211.1333.1450　加世田発1713

			754	1525	キロ程 円	発加 世田着	1040	1710
			822	1544	2.3 20	〃 阿 多発	1035	1707
			922	1624	18.6 110	着知 覧発	934	1628

特急		急行		普通				キロ程	運賃	駅名	普通		急行		特急	
初電	終電	初電	終電	初電	終電				円		初電	終電	初電	終電	初電	終電
715	2100	735	2200	…	510	2230	2300	0.0		発西鉄福岡国着	640	710	2400	718	2215	825	2147
730	2115	753	2216	510	539	2259	2329	15.4	60	〃西鉄二日市発	612	642	2332	005	700	2158	807	2132
レ	レ	806	2229	530	559	2319	2349	28.9	95	〃西鉄小郡 〃	550	620	2310	2344	645	2143	レ	レ
レ	レ	814	2236	541	610	2330	2400	36.8	115	〃宮の陣〃	539	609	2259	2333	638	2136	レ	レ
750	2135	818	2241	547	616	2336	006	38.8	120	〃西鉄久留米〃	535	605	2255	2329	635	2133	745	2112
レ	レ	832	2249	559	629	2348	018	45.4	145	〃大善寺〃	522	552	2242	2316	622	2119	736	レ
810	2154	855	2301	621	651	009	038	58.6	175	〃西鉄柳河〃	502	532	2222	2258	601	2055	723	2054
824	2208	924	2315	655	718	035		74.2	220	〃西鉄栄町〃	…	506	2156	2220	534	2025	707	2039
826	2210	926	2317	657	720	037		75.1	220	着大牟田国発	…	503	2153	2217	531	2022	705	2037
約45分毎		45分毎		約25分毎				運転間隔			約25分毎		45分毎		約45分毎	

	キロ程	運賃	区間		所要	運転時間	間隔		キロ程	運賃	区間		所要	運転時間	間隔
宮地岳線	21.0	65円	貝津塚屋崎		40分	556—2245 / 539—2236	6—15分毎	大牟田線	20.0	65円	甘木 / 久留米		40分	505—2254 / 510—2334	12—30分
北州	29.4	75円	門折 司尾		94分	500—2225 / 510—2235	3—8分	北州	5.5	25円	中戸 央町畑		18分	509—2353 / 506—2335	3—4分
九線	5.5	25円	大戸 門畑		15分	505—2348 / 505—2346	3—5分	九線	4.6	15円	魚北 町方		20分	515—2348 / 505—2334	3—5分

37.12.10 現在　黒崎—筑豊直方　（筑豊電鉄）電

	初電		この間	終電		運賃	駅名	初電		この間	終電	
	456	508	朝通勤時 2—3分毎	2342	2352	円	発黒崎着	508	517	朝通勤時 2—3分毎	2354	007
	512	524		2358	008	30	〃筑豊中間発	452	501		2338	2351
	519	531	日中10分毎	005	014	60	〃楠橋〃	445	454	日中10分毎	2331	2344
	528	540	夕方2—3分毎	014		70	着筑豊直方発	…	445	夕方2—3分毎	2322	2335

37.12.10 現在　諫早—口之津 園 併用 郵（島原鉄道）長崎本線222〜225頁参照

円	駅名			555	702	757	1006	1107	1211	1254	1445	1450	1600	多発	1739	1814	1856	1935	2128
	諫早国発	…					長崎着1010	長崎着1111	1216	1258	レ	佐1453	1604	比良町1743	1817	1902	1940	1931	2131
10	本諫早〃	…	658	708	802	1031	1124	1230	1318	レ	1515	1622	1810	1830	1921	1953	2150		
60	愛野〃	…	612	727	821	1038	1130	1236	1326	レ	1523	1629	1818	1835	1929	1959	2158		
80	吾妻〃	…	618	735	830	長崎発	長崎発	1205	1310	1410	1528	1610	1720	1805	1902	2017	2043	2220	
190	島原〃	635	700	817	920	1123	1205	1314	1416	1536	1615	1725	1810	1905	1914	2020	2049	2242
200	南島原〃	640	706	826	925	1129	1226	1317	1419	1539	1618	1728	1813		1917	2052	2245	
200	島原外港〃	643	709	829	928	1132												
240	有家〃	717	745	858	1002	1204	1255	1343	1451	1605	1650	1802	1850	…	1942		2126	
260	原城〃	735	804	915	1020	1220	1310	1357	1509	1619	1709	1821	西着1853	…	2000	博多発	2144	長崎発
280	口之津〃	752	822	932	1037	1237	1327	1410	1526	1635	1726	1840	有家	…	2017		2259	
280	加津佐着	827	937	1043	1242	1332		1532	1640	1732	1845		2022		2204			

---

37 藤崎 6宮 前 10現在	キロ程	円	駅名							この間				
熊本電鉄道 電			藤崎宮前発	615	645	715	745	815	845	915. 945. 1015. 1115	1915	2015	2115	2145	2230
	2.3	15	北熊本〃	622	652	722	752	822	852	1215.1315.1345.1415.1445	1922	2022	2122	2152	2237
	14.8	65	泗水〃	654	724	754	824	854	924	1515.1545.1615.1645.1715	1954	2054	2154	御211	2309
	23.2	100	菊池着	715	745	815	845	915	945	1745.1815.1845	2015	2115	2215	代2211	2330
	キロ程	円	菊池発	600	630	700	御718	730	800	この間 830. 900. 930.1000	1830	1900	2000	2100	2200
	8.4	40	泗水〃	622	652	722	代752	752	822	1030.1100.1130.1230.1330	1852	1922	2022	2122	2222
	20.9	90	北熊本〃	653	723	753	737	823	853	1430.1500.1530.1600.1630	1923	1953	2053	2153	2253
	23.2	100	藤崎宮前着	700	730	800	744	830	900	1700.1730.1800	1930	2000	2100	2200	2300

上熊本—北熊本　上熊本国発 612—2228　北熊本発 600—2154　30—60分毎運転　3.4キロ　15円　所要9分

37.11.15 改正　南熊本——砥用 併用 郵 園（熊延鉄道）

キロ程	円	駅名														
		南熊本国発	614	728	833	1000	1230	1400	1544	1628	1736	1817	1928	2036	2145	
6.3	35	鯰〃	631	744	849	1016	1246	1416	1600	1644	1752	1832	1944	2051	2200	太字は自動車
12.6	60	御船〃	648	759	904	1030	1301	1430	1614	1658	1807	1847	1959	2106	2215	
20.4	100	甲佐〃	706	818	923	1103	1334	1504	1648	1717	1826	1904	2018	2124	2248	その他は気動車
24.9	110	佐俣〃	717	828	933	1117	1348	1518	1702	1728	1837	1921	2028	2134	2302	
28.6	130	砥用着	725	837	942	1126	1357	1526	1710	1736	1845	1929	2037	2143	2310	

37.10.1 改正　大分交通各線 郵 園併用

		円	駅名																				
宇佐参宮線	20		豊後高田発	600	735	901	1010	1105	1151	1228	1303	1352	1427	1548	1618	1709	1740	1810	1900	1938	2012	2133
	円		宇佐国着発	610	747	913	1020	1115	1201	1238	1313	1404	1437	1558	1628	1719	1750	1822	1910	1948	2022	2143
	20		宇佐八幡着発	623	805	924	1033	1134	1210	…	…	1412	1447	…	1636	1728		1829	…	1959	2045	2206
			宇佐八幡着発	636	818	939	1046	1147	1223	…	…	1427	1500	…	1649	1741		1843	…	2012	2058	2219
	4.8		宇佐八幡発着	557	736	902	1009	1101	1150	…	…	1353	1428	…	1611	1708		1807	…	1937	2117	2132
	キロ程		宇佐国着発	612	749	915	1022	1116	1203	…	…	1406	1440	…	1626	1721		1820	…	1950	2130	2145
	4.0		豊後高田着	624	806	923	1034	1135	1211	1248	1320	1413	1448	1606	1637	1727	1758	1830	1923	2000	2146	2207
				636	818	933	1044	1145	1223	1330	1423	1458	1616	1647	1739	1808	1840	1931	2010	2156	2217

国東線 … 安岐—武蔵間はバスにて連絡運転中。下表の他区間運転あり。

645	733	この間	国東行	2002	2120	キロ程	円	駅名		644	801	この間		702. 754		安岐着
658	750	925.1019.1126.1227	2015	2133	5.1	30	〃杵築市発	630	746	850. 942.1043.1215	2030				
738	834	1408.1510.1636.1734	2052	2208	18.1	80	〃安岐〃	552	710	1331.1456.1536.1620	2055				
816	911	1821.1921	2128	2243	30.3	130	着国東発	516	634	1721.1812.1927	2012	2108			

別大線　大分駅前—北浜—亀川駅前　18.5キロ　35円　大分発 530—2328　亀川発 420—2344　9—20分毎

鹿児島本線

鹿児島本線の電化に伴って投入された交直流両用電車の421系がホームに入って来た。1960（昭和35）年製の初期型は低運転台、大型の前照灯を備え、直流急行形電車の153系等と似た前面形状になった。行先は1962（昭和37）年2月15日に開業した久留米から1駅先の延伸区間で終点となる荒木駅だ。
◎山陽本線　下関　1962（昭和37）年2月28日

高い煙突が建ち並ぶ工業地帯を行くのは蒸気機関車がけん引する運炭列車。機関車の後に二軸の無蓋貨車が1両。その後に九州で多く見られた形状の石炭車が続く。先頭に立つD50は大正時代から製造された国鉄の標準型貨物機。昭和30年代に入っても、北九州地区等で主力として活躍していた。
◎鹿児島本線　八幡　1962（昭和37）年2月28日

路面電車を追いかけるように最新の近郊型電車が
国鉄線上を疾走して来た。雑餉隈（ざっしょくの
くま）（現・南福岡）行きの電車は421系。A-14編
成は鹿児島本線における普通列車の電車化を推進
すべく増備された車両で、高運転台化されたもの
の前照灯は大型のままで、後に登場する近郊型電
車と初期の車両を折衷したような意匠となった。
◎鹿児島本線　八幡
1962（昭和37）年2月28日

煙を燻らせながら電化区間を行くD60形蒸気機関
車。大正生まれの大型貨物用機関車D50を規格の
低い路線に入線できるよう、運転台下の従う台車
を一軸から二軸のものへ入れ替え、軸重を軽減し
た車両だ。1951（昭和26）年から1956（昭和31）
年にかけて78両が改造され、北九州では昭和40
年代後半まで活躍する姿を見ることができた。
◎鹿児島本線　八幡
1962（昭和37）年2月28日

山口線山口駅と博多駅を山陰本線経由で結んで
いた準急「あきよし」。1960（昭和35）年3月20
日に運転を開始した。昭和30年代に入って準急
型気動車として増備されてきたキハ55系を充当。
やって来た列車の先頭車は、側面に立ち席窓を連
ねた初期型だった。運転台の下部に小振りな長方
形のヘッドマークを掲出していた。
◎鹿児島本線　枝光
1962（昭和37）年2月28日

旧型客車の編成で運転していた頃の特急「みずほ」。1960（昭和35）年に繁忙期の混雑緩和策として運転した東京駅～熊本駅間の特急「臨時あさかぜ」を祖とする列車だった。同区間を1961年10月1日より臨時便として「みずほ」の名称で運転を開始した。実際には毎日運転の列車であった。
◎鹿児島本線　枝光　1962（昭和37）年2月28日

蒸気機関車が吐き出す煙と共に走り去る特急「みずほ」。最後尾には機関車が掲出したヘッドマークと同様な絵柄のテールマークを掲げていた。編成が旧型客車であった時代には一等寝台車と食堂車のみが冷房車で、20系で運転される他の東京～九州間の寝台特急に比べて見劣りがした。そのため1962（昭和37）年夏季には特急料金の割引が適用された。◎鹿児島本線　八幡　1962（昭和37）年2月28日

第二次世界大戦後初の夜行特急列車として運転を東京駅～博多駅間で運転を開始した「あさかぜ」。1958（昭和33）年10月1日より、専用客車として開発された
20系を投入した。関門トンネルを潜った先の九州内では急客機C59が牽引。電化されて間もない北九州地区の鹿児島本線に煙が舞った。
◎鹿児島本線　枝光　1962（昭和37）年2月28日

幹線の旅客列車牽引に尽力したC59形蒸気機関車。昭和30年代に入ると東海道、山陽本線の電化進展に伴い、多くの車両が九州へ活躍の場を移した。25号機は
戦時下の1942（昭和17）年に製造された車両。山陽本線の電化区間延伸を控え、1956（昭和31）年に姫路第二機関区から門司港機関区へ転属し、鹿児島本線の仕
業に就いた。◎枝光　1962（昭和37）年2月28日　◎鹿児島本線　八幡　1962（昭和37）年2月28日

牽引する貨車が長編成の重量級列車であったのか、D51は段々状の煙を盛大に吹き上げながら曲線区間に姿を現した。643号機は第二次世界大戦後の長い期間を山陽本線の西端部で過ごした機関車だ。1956（昭和31）年に小郡機関区から門司機関区へ転属し、1971（昭和46）年に廃車されるまで同区に在籍した。
◎鹿児島本線　枝光　1962（昭和37）年2月28日

1958（昭和33）年に東京駅～鹿児島駅間の夜行特急列車として運行を開始した「はやぶさ」。九州内では全区間に渡り鹿児島本線を経由した。1960（昭和35）年7月20より運転区間を東京駅～西鹿児島（現・鹿児島中央）駅間とした上で使用する客車を20系に置き換えた。運行当初は電源荷物車を含む基本編成8両と付属編成6両の14両編成で運転した。◎鹿児島本線　枝光　1962（昭和37）年2月28日

小郡行きの行先表示幕を掲出した電車は421系。鹿児島本線門司港駅〜久留米駅間が1961（昭和37）年6月1日に電化開業。同日に電化開業した山陽本線小郡（現・新山口）駅〜西宇部駅、厚狭駅〜幡生駅間と合わせて、関門トンネルを経由した九州〜本州間で電車の直通運転が実施された。
◎鹿児島本線　枝光　1962（昭和37）年2月28日

レールを積載した長物車、二軸の無蓋貨車が連なる列車は建設現場へ向かう工事列車だろうか。先頭には貨物用機関車のD51が立つ。1157号機は1944（昭和19）年に川崎車輛兵庫工場で製造された戦時設計車。ボイラーの上に載せた蒸気溜め、砂箱等を収めたカマボコ形状のドームが特徴だ。昭和20〜30年代は門司機関区に在籍した。◎鹿児島本線　枝光　1962（昭和37）年2月28日

貨物用蒸気機関車のD52。東海道、山陽本線等で重量貨物列車の牽引に従事した日本の超大型機は昭和30年代に入り、運用路線を九州にまで拡大した。415号機は1950（昭和30）年に米原機関区から門司機関区へ転属。同区在籍時に除煙板下部へ逆三角形の欠き取りを施す改造が行われた。
◎鹿児島本線　枝光
1962（昭和37）年2月28日

キハ55系で運転する準急「やくも」。米子駅〜博多駅間を山陰本線、鹿児島本線経由で結ぶ列車として1959（昭和34）年9月22日から運転を開始し、山陰と北九州を結ぶ優等列車の先駆けとなった。また1960（昭和35）年9月10日からは一部編成を美祢線経由として、途中駅で解放、併結を行った。前から3両目に狭窓を連ねたキロ25が見える。
◎鹿児島本線　枝光
1962（昭和37）年2月28日

キハ20を先頭にした2両編成の列車が電化された鹿児島本線を行く。第二次世界大戦後に液体変速機を採用した大型気動車の開発が本格化。石炭産業で発展した北九州地区の地方路線にも新鋭の気動車が、客車列車に替わって投入され始めた。筑豊本線等からは、鹿児島本線に直通する列車が運転されていた。
◎鹿児島本線　枝光　1962（昭和37）年2月28日

貨物列車を牽引して進むD50形蒸気機関車。70号機は1925（大正14）年に9969号機として汽車製造大阪工場で製造された。東海、北陸地区の幹線で使用された後、第二次世界大戦後の1949（昭和24）年に福井機関区から鳥栖機関区へ転属した。以降、1967（昭和42）年まで晩年を九州内で過ごした。
◎鹿児島本線　枝光　1962（昭和37）年2月28日

鹿児島本線、山陽本線の電化に合わせて登場した交直流両用電車の421系は九州、本州間の直通列車と九州内の列車に充当された。車体の塗装は交直流両用車を表すローズピンク（赤13号）を基調に、前面へクリーム色の警戒塗装が入る。方向幕に掲出された門司港は鹿児島本線の起点駅。福岡県下の門司市（現・北九州市門司区）内にある。
◎鹿児島本線　枝光
1962（昭和37）年2月28日

門司港駅〜人吉駅間を鹿児島本線、肥薩線経由で結んだ準急「くまがわ」。黄色い車体に赤い帯をあしらったキハ55系がホームで発車時刻を待っていた。正面の貫通扉には列車名と川の流れを意匠化したヘッドマークを掲出し、優等列車の威厳を漂わせていた。ホームに見える立ち売りの駅弁屋さんは当時の日常風景だった。
◎戸畑
1962（昭和37）年2月28日

枝光駅近くの道路は工事中。土埃を巻き上げるトラックの向こうには、優雅な意匠のトラス橋梁が架かる。八幡製鐵（現・日本製鉄）が銑鉄等を輸送する目的で戸畑、八幡地区に敷設した専用鉄道炭滓線（たんさいせん）（現・くろがね線）の枝光橋梁である。凸型の電気機関車がタンク車、ホッパ車をけん引して行った。
◎新日本製鐵くろがね線　1962（昭和37）年2月28日

西鉄北九州線

枝光駅付近で国鉄鹿児島本線と並行する路面軌道は西鉄北九州線。中央町行きの電車は昭和初期に製造された66形。ウインドウシル・ヘッダーに保護棒を備える古典的ないで立ちだが、集電装置はパンタグラフを載せていた。85号は同形式の最終番号車で、1950（昭和30）年に車内装を鋼製から木製に更新化した。
◎西鉄北九州線　枝光駅前　1962（昭和37）年2月28日

福岡県下に路線網を広げる西日本鉄道がかつて、現在の北九州各区を包括するように路面軌道を展開していた。電車の行先幕表示にある砂津は小倉市（現・北九州市小倉区）内に設置されていた北九州本線の停留場で、本路線の前身である九州電気軌道の発足時の明治期に開業。車両基地の砂津車庫が隣接していた。
◎西鉄北九州線　枝光駅前　1962（昭和37）年2月28日

九州電気軌道時代の昭和初期に12両が製造された200形。北九州線の創業期より使用されてきた木造ボギー車1形の廃車に伴い、同車両の台車、電装機器等を流用の上製造した半鋼車だった。第二次世界大戦後に更新化改造を受け、台車や主電動機を交換した。また乗降扉は引き戸式から自動式の二段折り戸へ変更された。
◎西鉄北九州線　白川町　1962（昭和37）年2月28日

白川町電停の界隈は新旧のビルが建ち並ぶ会社街の風情。上着の襟を立てた冬服姿の客が電車に乗り込んでいく。ホームに側する線路には枕木が敷かれ、一般的な鉄道のような表情を浮かべていた。道路を行き交う自動車の数はまだ少ないものの、それぞれに時代を感じさせる路面電車にも似た温もりある形状だ。
◎西鉄北九州線　白川町　1962（昭和37）年2月28日

100形の増備車として1938（昭和13）年から翌年にかけて20両が製造された118形。前端下部の傾斜した出っ張りは当時、車体の設計等で流行していた流線形を取り入れた意匠だ。乗降扉は自動開閉式を採用。側窓は二段上昇式となり、日本が戦時下へ向かおうとする直前で、乗客の快適性を意識した良き時代の車両となった。
◎西鉄北九州線　1962（昭和37）年2月28日

北九州の主要都市を結ぶべく建設された西日本鉄道北九州線。全の列車を路面電車仕様の車両で運転しながらも、思いのほか専用軌道区間が多かった。停留場の距離が比較的長く、交通渋滞等自動車の影響を受けない専用軌道では、可愛い風貌の小型電車が、颯爽と高速で走る姿が見られた。
◎西鉄北九州線　1962（昭和37）年2月28日

20両が製造され、北九州線で主力車両の一つとなっていた66形は、1950（昭和30）年に更新化され、10両が新製した張り上げ屋根を持つ半鋼製車体に載せ替えた。拡大された窓や丸みを帯びた車体形状は利用客の評判を呼び、以降に登場した車両に踏襲された。車体を載せ替えた電車は帳簿上、1950（昭和30）年の新製扱いとなった。◎西鉄北九州線　1962（昭和37）年2月28日

道路等が整備途上という趣の八幡（現・北九州市八幡区）市街地を行く西日本鉄道北九州本線。モーター音を高らかに響かせて走る100形は、運転台周りの窓がアルミサッシに取り換えされていた。沿線には上映作品を描いた映画館の立て看板が見え、映画が庶民の娯楽として主役の座に就いていた世相を窺わせていた。
◎西鉄北九州線　八幡駅前　1962（昭和37）年2月28日

建設工事が佳境に差し掛かっていた頃の若
戸大橋。洞海湾を跨ぎ、若松市（現・北九州
市若松区）と戸畑市（現・北九州市戸畑区）
を結ぶ全長2.1kmの鋼製吊り橋である。洞
海湾が隔てる両地区を結ぶ道路は昭和初期
より、トンネル建設構想として進められて
きたが第二次世界大戦下で頓挫。戦後にな
り架橋事業で実現した。
◎建設中の若戸大橋
1962（昭和37）年2月28日

ホームから建設中の若戸大橋を望む西鉄戸畑線の終点戸畑電停。道路と離れた場所に設置された構内は、枕木が目立つ専用軌道の風情であり、いくつかの分岐線が引き込まれていた。湾口部にある停留場は、道路1本を隔てて市営若戸渡船の戸畑渡場と隣接していた。渡船は若戸大橋の竣工後から現在まで営業を続けている。
◎西鉄北九州線　戸畑　1962（昭和37）年2月28日

若戸大橋の竣工は1962（昭和37）年9月26日。同年に現地を訪れた際には、橋桁、橋板等を組み立てた本体の一部を取り付ける様子を見ることができた。竣工後の橋は有料道路として供与された。1972（昭和47）年に歩行者の通行料金が無料となり、2018（平成30）年12月1日を以て、隣接する若戸トンネルと共に全ての通行料金が無料化された。◎若戸大橋と連絡船　1962（昭和37）年2月28日

古風ないで立ちの100形と、ホームの椅子に腰掛ける着物姿の女性が遠い日の風情を醸し出していた。戸畑線の終点戸畑電停の周辺は海辺の駅にふさわしく、釣具店や雑貨店が軒を連ねる雑然とした雰囲気の中にあった。国鉄鹿児島本線の戸畑駅とは、電停の南側に500m程離れていた。
◎西鉄北九州線　戸畑
1962（昭和37）年2月28日

若松市交通局

国鉄筑豊本線の起点若松駅に隣接した同名駅から3路線を展開していた若松市営軌道。若松駅と湾岸部の貨物輸送を目的として建設された鉄道は、貨物事業のみを取り使った。道路上に敷かれた併用軌道を、凸型の電気機関車が貨車をけん引してそろそろと走る。後年、北九州市の発足で名称は北九州市営軌道となった。
◎若松市交通局　1962（昭和37）年2月28日

西鉄福岡市内線

高架化移転前の旧本屋が残る博多駅前電停に停車する551形。559、560号車は第二次世界大戦後の1949（昭和24）年と翌年に製造されたが、前期車より車体等の形状は踏襲され、やや古典的な風貌となった。その姿が旧駅本屋と良く馴染み、あたかも明治時代へ時間旅行をしたかのような気分をひと時味わせてくれた。
◎西鉄福岡市内線　博多駅前　1962（昭和37）年2月28日

旧博多駅前付近を行く561形。1948（昭和23）年から1951（昭和26）年にかけて48両が製造された。先行して製造された同系車両の501形が、戦時下で電装機器等を旧型車から流用したのに対し、同車は全てに新製部品を用いた。574号車は方向幕に福岡市西部の室見川西岸の街である「姪ノ浜」と掲出していた。
◎西鉄福岡市内線　博多駅前　1962（昭和37）年2月28日

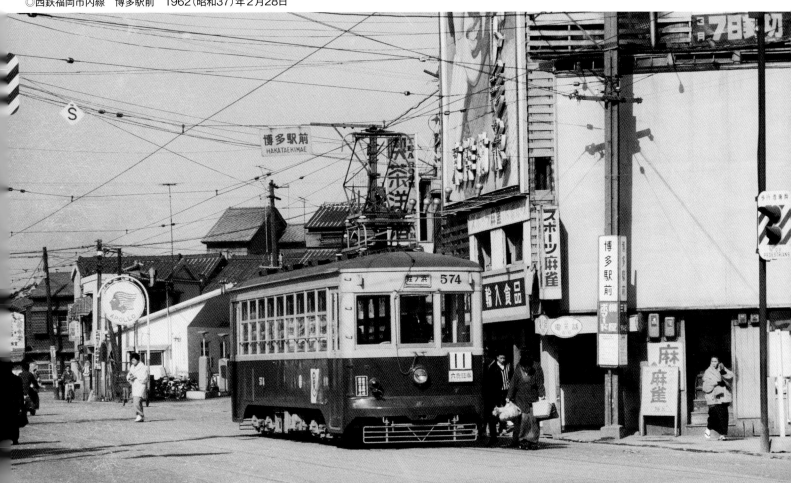

家電や写真フィルムを取り扱う会社の看板が店舗
の軒先を飾る福岡市内の祇園町界隈。広々とした
道路に自動車の姿は散見されるほどで、路面電車が
庶民の移動手段として主役を務めていたことを窺
わせる。どれでも古めかしい電車の傍らには同じ
西鉄が運行する路線バスが並び、来るべき自動車社
会を予見しているかのようだった。
◎西鉄福岡市内線　祇園町
1962（昭和37）年2月28日

旧駅本屋に隣接するバスターミナルの建物壁面に
大書きされた「日本食堂」の文字が目を惹く。同
社は国鉄時代に食堂車での営業、車内販売、駅構内
の食堂等、鉄道旅行の食に関する事業を手掛けた。
国鉄の分割民営化時に九州内の事業所は「株式会
社にっしょく九州（後のジエアール九州トラベル
フーズ）」へ継承されたが、現在は清算を経て消滅
している。
◎西鉄福岡市内線　博多駅前
1962（昭和37）年2月28日

二重屋根を張った木造車体や床下のトラス棒が、黎明期に製造された路面電車の面影を色濃く残す113号車。北九州地区で軌道事業を展開した九州電気軌道が大正期に導入した35形である。当初は北九州線、福島線で使用され、第二次世界大戦後の昭和20年代に全車が福岡市内線に転用された。
◎西鉄福岡市内線　1962（昭和37）年2月28日

二重屋根の古典電車が方向幕に掲出した行先は「競輪場前」。福岡競輪場は福岡市の北部を流れる多々良川近くにあった自転車競技場である。同施設の最寄り駅だった西鉄貝塚線の多々良駅は、同施設が開業した1950（昭和25）年に競輪前駅と改称。しかし、競輪場は1962（昭和37）年10月に閉鎖され、駅は貝塚駅と再改称した。
◎西鉄福岡市内線　呉服町
1962（昭和37）年2月28日

二車体連接構造の1000形。第二次世界大戦下で工業地帯、市街地に大きな打撃を受けた北九州地区だったが戦後の復興は目覚ましく、大量の旅客輸送をさばく方策として連接車が投入された。集電装置、制御機器を搭載した「A車」と、補助電源装置、空気圧縮器を搭載した「B車」で1組の車両を構成していた。
◎西鉄福岡市内線
1962（昭和37）年2月28日

自動車で混み合い始めた大通りを行き交う連接車の1000形。登場時からの車体塗装は窓周りをやや赤みを帯びたクリーム色とし、窓下の部分を栗色とした二色塗りだった。街並みに良く馴染む落ち着いた色合いは好評を博し、後に登場する西鉄の路面電車で標準的な意匠となった。
◎西鉄福岡市内線　呉服町　1962（昭和37）年2月28日

戦後復興を経て人々の暮らし向きが徐々に好転する中で自動車の台頭は目覚ましく、都市部の道路では渋滞が見られるようになった。それでも博多の街を訪れた昭和37年には自動車の軌道乗り入れは規制されており、鉄道と自動車の通行帯分離が整然と行われているように映った。しかし規制は翌年に撤廃され、路面電車の定時運行を妨げるようになった。◎西鉄福岡市内線　1962（昭和37）年2月28日

銀行、証券会社等が並ぶ博多の金融街を通っていた西鉄福岡市内線。昭和30年代に入ると、高度経済成長下で地方経済も活況を呈するようになっていた。それを裏付けるかのように大企業のビルが続々と建設されて都市の景観は一変。路面電車は近代的な街並みの中で取り残されたような存在になっていく。
◎西鉄福岡市内線　1962（昭和37）年2月28日

続行する電車で賑わう川端町電停界隈。電停の名前を記した標識の上部には通りの名が記載されている。当所から東中州にかけては市内随一の繁華街だ。電車の背景には銀行等の看板が重なるように写り込んでいた。軌道両脇の道路では、バス、自動車が軌道へ入ることなく整然と流れる。
◎西鉄福岡市内線　川端町　1962（昭和37）年2月28日

光と影が彩る明治通りを行く古風な風貌の電車は35形。人通りの少ない商店街にモーター音が響いた。写真中央上部のアーケードは川端通り商店街の入り口。130年以上の歴史を持つ博多随一の商業地で、川端中央商店街と上川端商店街から成る。通りの全長はおよそ400メートルだ。
◎西鉄福岡市内線　川端町　1962（昭和37）年2月28日

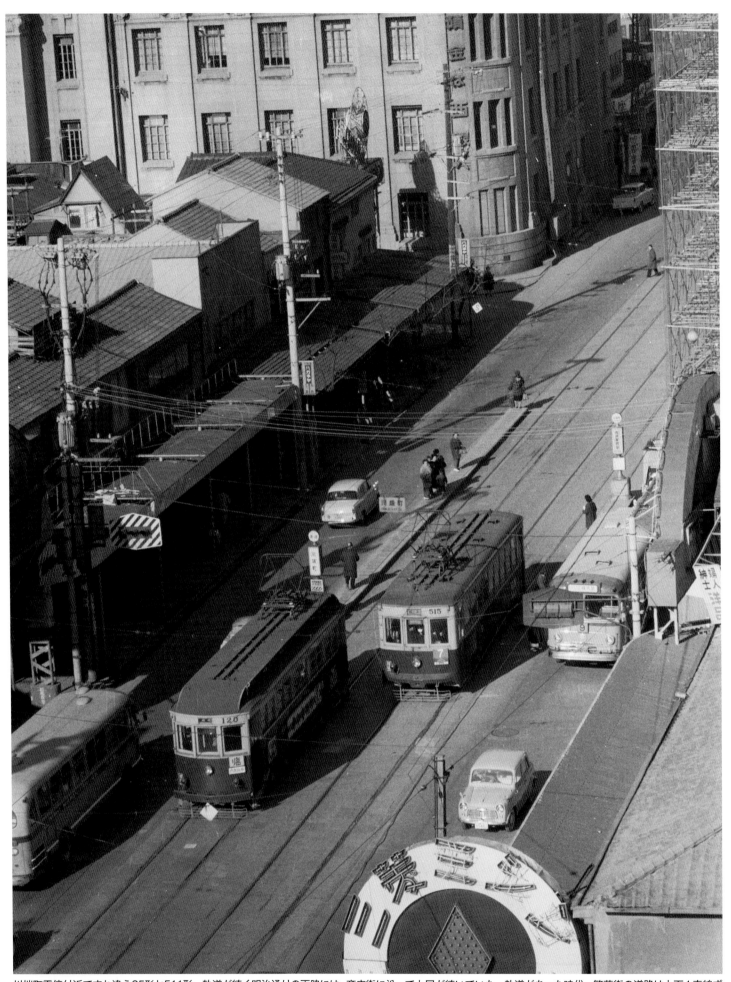

川端町電停付近ですれ違う35形と511形。軌道が続く明治通りの両脇には、商店街に沿って上屋が続いていた。軌道があった時代。繁華街の道路は上下1車線ずつで、バス等の大型車が通ると、電車との間には余裕が少ない道幅だった。通りへ西側から射し込む陽光が、道路に長い影を描き出していた。
◎西鉄福岡市内線　川端町　1962（昭和37）年2月28日

写真左上に見える重厚な建物は西日本相互銀行本店。当行は第二次世界大戦下で大蔵省が打ち出した1県1無尽会社への統合方針に基づき、1944（昭和19）年に設立された西日本無尽を祖とする。1984（昭59）年に西日本銀行と改称。2004（平成16）年に福岡シティ銀行と合併し、西日本シティ銀行となった。
◎西鉄福岡市内線　川端町　1962（昭和37）年2月28日

明治通りを西進して福岡市の郊外部へ出ると沿線
の屋並は低くなり、2車線になった道路とあいまっ
て広々とした雰囲気になった。道路の南側には広
大な池を有する大濠公園が広がる。電停の名称と
なった「西公園」は、池の一帯を指す大濠・西公園
の入り口に因んで付けられた。
◎西鉄福岡市内線　西公園
1962（昭和37）年2月28日

中洲川端から西へ進むと、歓楽街で栄えた中州の東岸を縁取る博多川を渡る。穏やかな流れが水鏡をつくり出していた。電車が通る橋は博多大橋。背景には河口へ向かって3本の道路橋が架かる。川を境にして家並みの様子が異なり、川の東側は商店街で右側は住宅街になっていたようだ。
◎西鉄福岡市内線　川端町～東中洲
1962（昭和37）年2月28日

大濠公園の最寄り駅で見かけた連接電車の1000形は、貫通線で東の終端電停であった九大前行きだった。貫通線は箱崎町（現・東区箱崎）付近の九大前電停と西部の姪浜町を結ぶ、路線名通りの福岡市内を明治通りに沿って縦貫する軌道線だった。福岡市内線が全廃された1979（昭和54）年まで存続した。
◎西鉄福岡市内線　西公園　1962（昭和37）年2月28日

縦板が並ぶ木造車体には、九州らしい広告看板が貼られていた。鶴味噌醸造は福岡県柳川市に蔵を構える醸造会社。1870（明治3）年に味噌専用の醸造蔵として創業した。その横にある小振りな看板に記されたフンドーダイ醤油は熊本市に本社を置き、調味料の製造販売を行うフンドーダイの商品。いずれも九州で長く愛された庶民の味だ。
◎西鉄福岡市内線　西公園
1962（昭和37）年2月28日

愛宕神社が祀られている杜の前を通り過ぎる501形。明治通りから分かれる参道の入り口にはコンクリート鳥居が建っていた。愛宕神社は寛永11年（1634年）に筑前国藩主黒田忠之が京都から愛宕権現を迎えて創建したと伝えられる。現在は四季を通じて催事、縁日が開催され、市民の憩いの場ともなっている。
◎西鉄福岡市内線　西公園
1962（昭和37）年2月28日

西鉄大牟田線

西鉄大牟田線（現・天神大牟田線）の急行用車両として登場した1000形。西鉄では初となった鋼製車体を備える。正面周りは国鉄80系に似た２枚窓の湘南電車顔となった。車体塗装は当初、窓周りが赤みを帯びたクリーム色で窓下が栗色であった。しかし1959（昭和34）年に特急が新設されると、青地に黄色い帯を巻いた専用色に塗り替えられた。◎西鉄大牟田線　1962（昭和37）年２月28日

高い構台が建ち並ぶ大牟田線を行く1300形の特急。正面窓の外側上部が吊り上がり、厳しい表情を湛えているように映った。通過中の踏切は自動車が行き違うことができるほどの幅があるように見受けられるが、遮断機等の安全設備は見当たらず、おおらかな時代を窺わせる情景である。
◎西鉄大牟田線　西鉄福岡〜薬院　1962（昭和37）年２月28日

特急の設定以来、不足気味だった専用車両を補うために登場した1300形。中間電動車を新製し、制御車にモ600、650形を改造して編成に組み込んだ4両編成である。制御車の元となった600形は1951（昭和26）年の製造。正面4枚窓の仕様で流電と称された、国鉄52系電車に似た面立ちだった。
◎西鉄大牟田線　1962（昭和37）年2月28日

3両固定編成時代の200形。西日本鉄道の祖となった会社の一つである九州鉄道が、九州鉄道線（現・西鉄天神大牟田線）の全通に合わせて1937（昭和12）年から1941（昭和16）年にかけて投入した元20形である。両端部を半円形状の5枚窓とした仕様は、先に登場していた国鉄キハ42500（後　キハ07）形に似ている。
◎西鉄大牟田線　1962（昭和37）年2月28日

片側2扉の間に窓が並ぶ重厚な姿の電車は、九州鉄道時代にモ300、ク350として登場した。妻面に丸みを持たせた優しい設えで、前面に細めの貫通扉を備える。
乗務員用扉は左右側面の運転室側に1か所ずつ設けられた。運転席は貫通扉を隔てた半室構造で、もう片方の窓周りには乗客が立ち入ることができた。
◎西鉄大牟田線　薬院〜西鉄福岡　1962（昭和37）年2月28日

新製時には2両編成の連接車として登場した500形。第二次世界大戦後の輸送量増大に対応して、1948（昭和23）年に付随車サ500を中間に組み込んだ3両編成
となった。それでも車両の連結部に台車を履く連接構造は踏襲された。引き続き急行運用に就いたが1000形の登場で専ら普通列車に充当されるようになった。
◎西鉄大牟田線　西鉄福岡〜薬院　1962（昭和37）年2月28日

九州鉄道が昭和初期に17形電車として投入した旧型電車が、モ10形となって普通列車の運用に就いていた。片側に3扉を備える15メートル級の半鋼製車だ。先頭車の正面に掲出した行先表示板には「大宰府」と記されており、途中の西鉄二日市駅から大宰府線へ終点まで直通する列車であることがわかる。
◎西鉄大牟田線　西鉄福岡～薬院　1962（昭和37）年2月28日

3両編成の西鉄福岡（現・西鉄福岡（天神））行きの普通列車は500形の3両編成。大牟田線の急行用として製造された戦中派の電車が普通運用に従事していた。3つの車体を4組のボギー台車で支える連接構造を持ち、正面窓の右側に前面展望ができる客席を備えた、優雅な仕様の電車だった。
◎西鉄大牟田線　薬院～西鉄福岡　1962（昭和37）年2月28日

大宰府行き普通列車のしんがりには、10形よりも大柄に見える片側2扉の制御車が連結されていた。ク150形は九州鉄道が1941（昭和16）年に導入した100形の制御車。大阪府堺市にあった木南車輌製造でモ100形8両、ク150形9両が製造された。張り上げ屋根を採用した近代的ないで立ちだ。
◎西鉄大牟田線　西鉄福岡〜薬院　1962（昭和37）年2月28日

一般車塗装で西鉄久留米行きの急行運用に就く1000形。3両編成のうち、制御車と中間車の2両が電動車である。運転席上近くに集電装置を載せた電動制御車は勇ましい姿だ。駆動方式は日本車輌製造製の1000,1100番台車がWN（Westinghouse - Natal）駆動方式。近畿車輌製の1200番台車が中空軸平行カルダン駆動方式を採用している。◎西鉄大牟田線　西鉄福岡～薬院　1962（昭和37）年2月28日

薬院から西鉄福岡駅を発車した大牟田線の電車は博多湾へ注ぐ那珂川の支流である薬院新川を渡る。薬院と呼ばれる集落名は奈良時代に大宰府へ大弐として赴任した吉備真備（きびの まきび）が開いた薬草園を語源にしたといわれる。
◎西鉄大牟田線　　薬院～西鉄福岡
1962（昭和37）年2月28日

西鉄福岡駅の東側出入口に面した渡辺
通りには、西鉄福岡市内線の循環線が
通っていた。鉄道駅の最寄り電停は構
内南側で国体道路との交差点付近に
あった渡辺通四丁目電停だった。西鉄
のターミナル駅周辺を含む歓楽街天神
の名を冠した電停は、駅から数百メー
トル北に進んだ明治通りとの交差点に
あった。
◎西鉄福岡市内線　渡辺通四丁目
1962（昭和37）年2月28日

蒸気機関車が牽引する客車列車で南九州へ向
かう道中、途中駅で上り準急列車と交換した。
キハ55系で編成された列車は「かいもん」。
1959（昭和34）年に博多駅～西鹿児島駅間
を鹿児島本線経由で結ぶ列車として設定され
た。翌年には1往復増発され、指宿枕崎線の
山川駅まで運転した。指宿枕崎線内は普通列
車扱いだった。
◎鹿児島本線　湯之元
1962（昭和37）年2月28日

南薩鉄道

雨に煙る伊集院駅では、南薩鉄道（後の鹿児島交
通）の気動車が出迎えてくれた。6枚の窓で縁取ら
れた半円形の車端部と埋め込み式の前照灯が目を
惹くキハ100形。後ろに連結されたキハ300は国
鉄一般形気動車の旧標準塗装と同様な塗り分けだ。
いずれも国鉄形車両に類似した姿だが、両形式共に
自社発注車である。
◎南薩鉄道　伊集院
1962（昭和37）年3月1日

国鉄キハ42500（後のキハ07）形とほぼ同じ仕様で製造されたキハ100形。国鉄車両が昭和初期の製造であるのに対し、南薩鉄道の車両は1952（昭和27）年の製造だった。新製時の変速機は機械式で、2両編成以上の運転では各車両に運転士が乗務し、ペダル操作を加減しながら走行、停止等の合図を出し合う協調運転が必須の作業だった。◎南薩鉄道　加世田　1962（昭和37）年3月1日

加世田駅に隣接する車両基地構内の外れに廃車された蒸気機関車が数両留め置かれていた。先頭の2号機関車は南薩鉄道の開業時にドイツから輸入された機関車のうちの1両。訪問時は稼働中だった1号機と同じく、ハノーファー機械製造会社（ハノマーク）が製造した。火を落としてから数年が経過しているようで、ボイラー周り等に痛みが見られた。
◎南薩鉄道　加世田
1962（昭和37）年3月1日

機関車を正面下方から眺めると周囲に留置された気動車等とあいまって、まだ現役で煙を上げているかのように見えた。半世紀を走りぬいてきた舶来機を具に見ると、ボイラーに比べて大柄な印象を受ける前端部やシリンダーブロック。正方形を1/4回転させたような運転台前の窓枠等が、個性を主張しているかのようだった。
◎南薩鉄道　加世田
1962（昭和37）年3月1日

旅客荷物合造車のホハニ59。木造の車体が歳月を経て、工芸品のような繊細さをまとっていた。ボギー台車を履く大柄な客車だ。簡潔な構造の二重屋根や床下のトラス棒に黎明期に製造された車両の雰囲気が漂う。車掌室窓下の扉側には自重28.92トン。換算　積2.8　空2.5と仕様が記載されていた。
◎南薩鉄道　加世田
1962（昭和37）年3月1日

木造2軸客車のハテフ55。鹿児島交通枕崎線が
廃止された際、残存していた書類上の製造年は
1882（明治15）年で新橋工場製とされていた。車
体側面には広く荷物と横書きされており、当時は
貨物列車に連結して小荷物等の運搬に利用されて
いた様だ。ブレーキシューは車輪の片側のみを抑
える方式になっていた。
◎南薩鉄道　加世田
1962（昭和37）年3月1日

構内の一角には台車を外された二重屋根の木造客
車が、社員用の詰所として置かれていた。出入り
口付近には小さな上屋があり、すっかり建物とし
て馴染んでいる様子。白い板が掲げられた表札に
は「加世田分区詰所」と記されていた。その側に
は昭和37年1月に廃止された万世線ののりかえ案
内票が置かれていた。
◎南薩鉄道　加世田
1962（昭和37）年3月1日

二重屋根を備える木造客車のホユニ66。鹿児島
交通の廃止時まで在籍し、書類上は岡部鉄1923
（大正12）年の岡部鉄工所製とされる。荷物室の
窓下に広く記された「荷物」。車掌室の窓下に記
載された「車掌」の文字に比べ、郵便室の扉部分
に記されたデザイン化した「郵〒便」の文字は近
年になって足されたものだろう。
◎南薩鉄道　加世田
1962（昭和37）年3月1日

小柄な機関車の前では大きく映る石炭台の
前で1号機関車が蒸気を燻らせていた。同機
は南薩鉄道が開業に際してドイツから輸入し
たC形タンク機。1913（大正2）年にハノー
ファー機械製造会社（ハノマーク）が製造し
た。開業時より昭和中期に国鉄C12と同系の
機関車が入線するまで客貨列車の牽引に主力
として従事した。
◎南薩鉄道　加世田
1962（昭和37）年3月1日

加世田駅に隣接する車両基地の車庫で休む2両の
キハ100形。庫の上部には「服務の厳正」と標語
を記した看板が貼られ、鉄道現場の厳しさを啓蒙し
ていた。その傍で雨模様の中、検収業務等に従事す
る社員が傘も差さずに速足で歩いて行った。
◎南薩鉄道　加世田
1962（昭和37）年3月1日

仕業に就く準備を終え、石炭台の前で煙を上げる13号機関車。C12と同系のタンク機は1948（昭和23）年製。南薩鉄道の開業時より在籍していた小型のタンク機を置き換えた。同形式が1944（昭和19）年、1949（昭和24）年に1両ずつ配置され、1961（昭和36）年にディーゼル機関車が投入されるまで、貨物列車牽引の主力となった。◎南薩鉄道　加世田　1962（昭和37）年3月1日

気動車であった頃の面影を色濃く残す救援車エ4。元は
1943（昭和18）年に南薩鉄道と合併した南薩中央鉄道知
覧線で使用されていたガソリン動車である。後に機関を
ディーゼルエンジンに換装し万世線等で運用に就いた。
大型車の増備で本線仕業から退き、救援車となった。
◎南薩鉄道　加世田
1962（昭和37）年3月1日

南薩鉄道は戦時下での輸送力増大を目指し、1944（昭和19）
年に国鉄C12形と同様な仕様の蒸気機関車を導入した。それ
まで本線で列車の牽引に当たっていた小型タンク機は余剰気
味になったが、1号機関車は構内で貨車の入れ替え等に使用さ
れ、昭和30年代末期まで稼働していた。
◎南薩鉄道　加世田
1962（昭和37）年3月1日

国鉄キハ16を両運転台化したような仕様のキハ300形。南薩鉄道が鹿児島本線を経由しての西鹿児島駅乗り入れを見据えて、薩南鉄道が川崎車両で製造した3両を1954（昭和29）年に導入した。塗装は窓周りより上部がクリーム色で、下部が青の塗分け。青色の塗装は正面貫通扉まで延びており、キハ10等の同系国鉄形気動車とは印象が異なった。◎南薩鉄道　枕崎　1962（昭和37）年3月1日

枕崎線の終点、枕崎駅のホームに停車するキハ100形。当駅は国鉄指宿枕崎線の終点でもあったが、開業時期が早かった南薩鉄道（後の鹿児島交通）が駅本屋等の構内施設を管理していた。国鉄の乗り場は枕崎線のホームと別に設けられていた。写真でホーム越しに見える国鉄形と思しき気動車も、同鉄道のキハ300形である。◎南薩鉄道　枕崎　1962（昭和37）年3月1日

指宿枕崎線

終点山川駅に到着した準急「かいもん」。1960（昭和35）年に増発され、1往復が指宿枕崎線まで足を延ばしていた。朝8時45分に博多駅を発車した列車は鹿児島本線を南下して西鹿児島（現・鹿児島中央）駅へ14時11分着。さらに指宿枕崎線へ入り、山川駅の到着時刻は15時19分だった。ヘッドマークには指宿枕崎線の車窓を彩る開聞岳が描かれていた。◎指宿枕崎線　山川　1962（昭和37）年3月1日

鹿児島市電

急列車。列車の間には通過線が敷かれ、構内の雰囲気はゆったりとしている。準急「錦江」は西鹿児島駅と指宿枕崎線の山川駅を結ぶ列車として1960（昭和35）年に運行を開始した。また翌年には発着駅を日豊本線の宮崎駅に変更した。
◎鹿児島本線　西鹿児島
1962（昭和37）年3月1日

車窓には屋並が流れるものの、線路近くにまで田畑がつくられ、路面電車が走る市街地とは趣きを異にする鹿児島市の近郊を行く鹿児島市交通局の500形。正面2枚窓の愛らしい姿をした路面軌道仕様の電車は1955（昭和30）年から翌年に掛けて、神奈川県平塚市に本社を置く東洋工機で15両が製造された。
◎鹿児島市電
1962（昭和37）年3月1日

シュロの木等、個性的な葉を茂らせた街路樹が南国らしい雰囲気を奏でる鹿児島市電の沿線。軌道の周囲には芝生を植えた緑地帯がつくられ、電車のみが往来できる専用軌道となっていた。架線柱は鋼製と、鋼製トラスにコンクリート柱を添えて補強したような形状のものが混在していた。
◎鹿児島市電　西鹿児島駅前　1962（昭和37）年3月1日

軌道が道路上に出る併用部分には石畳が敷き詰められていた。木造車体を載せた400形とボンネットバスが並び、背景に建つ洋風建築のビルとともに都市交通に
近代化の波が押し寄せ始めた昭和初期の風情を醸し出していた。400形とすれ違う600形610号車は1960（昭和35）年の製造で、当時の新鋭車だった。
◎鹿児島市電　西鹿児島駅前　1962（昭和37）年3月1日

信号機が吊り下げられている鋼製架線柱の傍らで停車する400形。隣の軌道には横断中の人がいる。停車している電車の後側を通って軌道を渡ろうとしているようだ。前方の電停には数名の待ち人がおり、ホームへ向かって軌道を横断している人影も窺うことができる。安全運転には、より細心の注意が必要となりそうな情景だ。
◎鹿児島市電　高見馬場
1962（昭和37）年3月1日

鹿児島の玄関口西鹿児島（現・鹿児島中央）駅。当駅は現在の鹿児島本線における一部区間である、東市来駅からの路線が川内線として開業した1913（大正2）年10月11日に武駅として開業した。川内本線となっていた路線が全通して鹿児島本線に編入された1927（昭和2）年10月17日に西鹿児島駅と改称した。
◎鹿児島本線　西鹿児島
1962（昭和37）年3月1日

立ち席窓を備えた鋼製車体に載せ替えられた400形403号車は清水町行き。同電停は朝日通電停を起点とした上町線の終点だった。上町線は総延長2.2キロの短い路線で、末端区間となった春日町電停～清水町電停間400メートルは、1961（昭和36）年4月1日の開業。1985（昭和60）年に全区間が廃止された。
◎鹿児島市電　1962（昭和37）年3月1日

国道10号との併用軌道区間で稲荷川を渡る
清水町行きの460形。固定式になった前面3
枚の窓等、昭和30年代としては近代的に見え
るいで立ちだが、木造車だった400形の車体
等を更新して1961（昭和36）年に2両が製造
された車両だ。背景には桜島が遠望されるも
のの、折からの曇天で山頂付近は雲に被われ
ていた。
◎鹿児島市電　春日町〜清水町
1962（昭和37）年3月1日

西鹿児島（現・鹿児島中央）駅前から延びる天文館
通りと、本通りが合流する高見馬場界隈。先に鹿児
島市内随一の繁華街である天文館がある通りは古
くから地元民で賑わう街だが、高度経済成長発展期
の南都では通り沿いに高い建物がほとんど見られ
ず、中小の商店が軒を連ねていた。
◎鹿児島市電　高見馬場
1962（昭和37）年3月1日

伊敷線、上伊敷行きとして大通りを進む古参電車の300形。上伊敷電停は2系統の電車が往来する加治屋町電停（昭和42年まで柿本寺通電停）から分岐していた伊敷線の終点だ。同電停は下伊敷電停からの400メートル区間が延伸された1961（昭和36）年12月16日に開業。1962（昭和37）年4月1日に伊敷町と改称した。
◎鹿児島市電　柿本寺通　1962（昭和37）年3月1日

谷山線の途中駅鴨池を行先表示に掲出した区
間列車。行先の前に小さく記載されている「西
駅前」とは、国鉄西鹿児島（現・鹿児島中央）
駅を指す。市の中心部を通る道路は、中央部
に複線の路面軌道を備えてなお、片側２車線
以上を取ることができる、ゆったりとした道
幅があるように見える。
◎鹿児島市電　柿本寺通
1962（昭和37）年３月１日

現在は鹿児島市が運営する路面軌道の祖であった、
鹿児島電気軌道が設立された大正時代から路線の
要所となっていた高見馬場電停。ホームから交差点
を隔てた先に背の高い信号塔が見える。分岐器の
操作等が自動化された今日では、同施設が利用され
る機会はないものの目を惹く白い姿は健在である。
◎鹿児島市電　高見馬場
1962（昭和37）年３月１日

伊敷線上伊敷の行先表示を掲げた500形。全長12メートル級の半鋼製車両である。正面窓は国鉄80系電車等に似た雰囲気をまとう2枚仕様。1955（昭和30）から翌年にかけて15両が製造された。本形式の登場で老朽化が顕著に見られながら、第二次世界大戦後も使用されてきた2軸単車等の置き換えが本格的に進んだ。
◎鹿児島市電　高見馬場　1962（昭和37）年3月1日

天文館通りに続く低いビル群を車窓に見て、300形が低いモーター音を唸らせながら通過して行った。ビルに看板を掲げるのは銀行や保険会社等で、景気が上向きを続けていた昭和30年代前半からの世相を表現しているかのように見えた。同時期の好景気を象徴する社会現象の一つであった岩戸景気は、1961（昭和36）年に終息を迎えていた。◎鹿児島市電　柿本寺通　1962（昭和37）年3月1日

１系統と２系統の乗換駅となっている高見馬場電停。２路線の乗降ホームはそれぞれ別に設けられている。交差点の中で複線の軌道が２組、大きな弧を描いていた。交差点の外側にあるホームでは、コートを着込んだお客が電車の到着を待っていた。急曲線に軋む車輪の音が街中に響く。
◎鹿児島市電　高見馬場
1962（昭和37）年３月１日

天文館通りを西へ進む谷山行きの電車。背景には鹿児島随一の繁華街で長らく象徴的な存在だった百貨店、大見高島屋の店舗ビルが建つ。同店は1936（昭和11）年に鹿児島市で２番目の百貨店として開業。1970（昭和45）年に「高島屋プラザ」。後に「タカプラ」と名称を変え、ファッションビルとして再出発したが2018（平成30）年に閉店した。
◎鹿児島市電　天文館通
1962（昭和37）年３月１日

往来する車が増え始めた夕刻の天文館界隈。交差点の隅には自動車が並んで留め置かれていた。歩道上に上屋が連なる商店街。新築から少々時間が経ったように見えるビル等は現代の同様な施設よりも質実剛健に映り、戦後復興の中で近代化を推し進めてきた、街の息遣いを読み取ることができる。
◎鹿児島市電　天文館通　1962（昭和37）年3月1日

雨上がりの大見高島屋前を進む300形。同車
は元東京都電の100形で、1949（昭和24）年
に鹿児島市へ譲渡されて運行を開始した。丸
屋根を備える正面3枚窓の姿は、塗装こそ異な
るものの第二次世界大戦前の東京を走り回っ
た都電の姿を彷彿とさせる。簡易な設えの排
障器が、車端部下方に取り付けられていた。
◎鹿児島市電　天文館通
1962（昭和37）年3月1日

陽が落ちて青味を帯び始めた街中に、明かりが灯っ
た路面電車の車内が浮かび上がった。勤め帰りの
お客を乗せた車内は混み合っている様子。谷山行
きの電車は市内の南部まで足を延ばす。乗降ホー
ムの交差点側には柵が設けられ、自動車等の侵入を
阻んでいた。それでも急ぎ足の御仁が数名、そそく
さと交差点を渡って行った。
◎鹿児島市電　天文館通
1962（昭和37）年3月1日

商店街に明かりが灯り始めた。停留所のホームに収まりきらないほどの乗客が、注意深げに停車した電車を目指して歩いて行った。軌道を跨ごうとしているご婦人は、電車の行先表示を気にしている様子だ。400形を正面から見ると、運転室から客室部分に向かって、車幅が広くなっている形状が良く分かる。
◎鹿児島市電　高見馬場　1962（昭和37）年3月1日

気動車列車と交換する8620形蒸気機関車牽引の客車列車。機関車の次位に幅が広い引き戸を片側側面に2か所備える、郵便荷物合造客車が連結されていた。ホームでは停車時間を利用して、小荷物、郵便等の積み下ろしが行われているのだろう。駅舎の傍らには構内の荷物運搬等に使われる自転車が見える。
◎鹿児島本線　西鹿児島　1962（昭和37）年3月1日

長崎本線

乗り込んだ長崎本線の列車は、そぼ降る雨に濡れた小駅で2両編成の気動車と交換した。遠くでは小さな広告塔が駅の方を向いて、発展著しい家電会社のテレビを宣伝していた。1959（昭和34年）に皇太子時代の昭和天皇がご成婚されたのを機に、一般家庭へテレビが浸透していった時代だった。
◎長崎本線　久保田
1962（昭和37）年3月2日

防風林として植えられたのか、まだ若い松の木立が並ぶ田園地帯を、キハユニ26形を先頭にした普通列車がやって来た。2両目と4両目にはキハ20形よりも車両断面が小さいキハ17等が挟み込まれるように入った凸凹編成だった。
◎長崎本線
1962（昭和37）年3月2日

構内で貨車の入れ替え作業を行う9600形。機関車の後方では両手に旗を持った職員が前方を凝視して機関士に合図を送ろうとしていた。多くの鉄道駅で貨物扱いが行われていた時代には、比較的ゆったりと設定されていた停車時間の内、機関車が数量の貨車を牽引して構内を行き交う様子は日常的なものだった。
◎鹿児島本線　鳥栖　1962 (昭和37) 年3月2日

地方路線で旅客列車の主役が機関車牽引の客車から気動車へ移行しつつあった時期。ホームに入って来たC11形が牽引する短編成の客車列車は、唐津線からの便だろうか。白煙を燻らせながらゆっくりと進む列車は、ホームの中程で制動音を響かせた。機関車の後に連結された郵便、小荷物合造の客車が編成に変化をつけていた。◎長崎本線　久保田　1962 (昭和37) 年3月2日

キハ16形と17形で編成された普通列車が海辺の路を軽快に走り抜けて行った。1953（昭和28）年から量産された全長20メートル級の普通形気動車は、国産量産型の気動車としては初めて液体式変速機を実用化し、複数の車両で編成した列車の総括制御運転を確立した。運行上、利便性の高い気動車はほどなく全国の非電化地方路線に浸透した。◎長崎本線　1962（昭和37）年3月2日

国鉄松浦線（現・松浦鉄道西九州線）平戸口（現・たびら平戸口）駅本屋。日本最西端の鉄道駅として知られる平戸島への最寄り駅は、小振りな切妻屋根の木造建物だった。駅前の広場には手入れされた木が一本植えられ、出入口付近を被う上屋の下には長椅子が設置されて、旅行者は元より、近隣住民にとっても憩いの場となっていた。◎松浦線　平戸口　1962（昭和37）年3月2日

松浦線、臼ノ浦線、世知原線、柚木線

入れ替え作業を終えた蒸気機関車が、再びホームに留め置いた貨物列車の先頭に立つため、向かい側のホームに入線して来た。C11 282号機は1945（昭和20）年製の戦時設計機。煙突後ろのドームが角張った形状になっている。同機は1945（昭和20）年4月以降、20年以上に亘り松浦線（現・松浦鉄道西九州線）の佐々（ざざ）機関区に在籍した。◎松浦線　調川　1962（昭和37）年3月2日

「日本最西端之驛」と記された碑がホームに建つ松浦線（現・松浦鉄道西九州線）平戸口（現・たびら平戸口）駅。遣隋使、遣唐使等の寄港地として古くから海外との交流があり、江戸時代にはポルトガル船の寄港を機に南蛮貿易港として栄えた平戸港がある平戸島の最寄り駅である。1935（昭和10）年8月6日に国鉄伊万里線の駅として開業した。◎松浦線　平戸口　1962（昭和37）年3月2日

構内の側線で休むキハ02形。輸送密度が極めて低い閑散路線に投入されたレールバスの一種である。1955（昭和30）年に旧キハ10000形の三次車として17両が製造された。17号車は本形式の最終番号。佐々駅～臼ノ浦駅間を結んでいた臼ノ浦線、肥前吉井（現・吉井）駅～世知原駅間を結ぶ世知原線等で運用されていた。◎臼ノ浦線　佐々　1962（昭和37）年3月2日

ホームに停車するキハ02形。車体の寸法はバスに準じた大きさで、屋根までの高さを3メートルに設定したため、普通の鉄道車両に比べて一段と小振りに見える。それに対して車幅は軌間に相応する長さを確保したので、前方から車両を眺めると同時期に登場した80系電車等、湘南顔の車両を圧し潰したような形状になった。
◎世知原線　肥前吉井　1962（昭和37）年3月2日

機関区内の給水栓付近で次の仕業に備えるＣ11 260号機。同機は佐々（さざ）機関区が本区へ昇格した日と同じ1945（昭和20）年３月１日に早岐機関区から転属して来た。以降20年余りに亘って同区に在籍。1970（昭和45）年に古巣の早岐機関区へ転属した。その後、門司、熊本、行橋機関区と渡り歩き、1974（昭和49）年まで田川線（現・平成筑豊鉄道）等で活躍した。◎松浦線　佐々　1962（昭和37）年３月２日

松浦線や伊万里線（ともに現・松浦鉄道西九州線）等、西九州北西部の路線で運用を受け持つ機関車が配置されていた佐々（さざ）機関区。1945（昭和20）年3月1日に松浦線の全線開業を機に早岐機関区の支区から本区へ昇格した。C11形を始めとした蒸気機関車の他、レールバスキハ02等が在籍した。
◎松浦線　佐々　1962（昭和37）年3月2日

佐々（さざ）駅で駅舎側のホームに停車するレールバスキハ102形。側面窓下に「佐々‐臼ノ浦」と記載された行先表示板を下げた臼ノ浦線へ向かう列車だ。1962（昭和37）年当時、臼ノ浦線で運転する列車は1日9往復で、そのうちの1往復は松浦線の肥前吉井駅を起点終点としていた。
◎臼ノ浦線　佐々　1962（昭和37）年3月2日

西九州の各地方路線で、沿線に点在する炭鉱
から採掘される石炭を輸送する貨物列車が
運転されていた。北九州地区等の運炭列車
に比べて小規模な輸送量だった列車のけん
引には、大正時代に旅客用として製造された
8620形蒸気機関車を充当。48646号機は小
倉工場で施工された、切り取り式の除煙板を
1962（昭和37）年頃から装備していた。
◎松浦線　相浦
1962（昭和37）年3月2日

キハ102と逆向きのC11形蒸気機関車が牽引する
短編成の客車列車が、駅舎と離れた島式ホームに停
車していた。左石（ひだりいし）駅は柚木線が分岐
する。
◎柚木線　左石
1962（昭和37）年3月2日

同時期に登場した80系電車と同様、3次車から正面窓を湘南窓と呼ばれた対称形2枚の仕様としたキハ10000形。1958（昭和32）年の改番時に1次車・2次車がキハ101形。3次車がキハ102形、4次車がキハ103形となった。1・2次車は運転席を中央に据えた正面3枚窓の仕様で、3・4次車とは形状が大きく異なった。
◎柚木線　左石　1962（昭和37）年3月2日

キハ102を真横から眺める。乗降扉は車体側面の中央部に一か所設置された。扉にはバス等で良く見られる、2段折り戸仕様のものが採用された。客室窓は2段仕様で、下方の窓のみが上昇する可動式。上方の窓は固定式でバス窓と呼ばれる立ち席窓となっていた。両端部には2枚構成の引き違い窓があった。
◎柚木線　左石　1962（昭和37）年3月2日

佐世保線

貨物ホームの上屋や詰所、跨線橋に囲まれてやや手狭な雰囲気が漂う駅構内に停車するC57形蒸気機関車。吹き上げた煙が横方向に流れ、発車時刻が迫っている様子だ。昭和30年代の長崎本線で、C57は客車列車を受け持つ機関車の主力だった。175号機は1957（昭和32）年に制作された松竹映画「張り込み」で佐賀駅の場面に登場した。◎佐世保線　佐世保　1962（昭和37）年3月2日

買い物客でにぎわう夕刻の駅前商店街。電気冷蔵庫が各家庭に浸透しつつあった時代だが、現在のような大型の物は未だ一般的ではなく、毎日の買い物が主婦等の日課となっていた。鮮魚店や青果店等、多種多様な個人商店が並ぶ様子は、通り全体が現在のスーパーマーケットになっているかのようだった。
◎佐世保市内　1962（昭和37）年３月２日

長崎本線では大正から昭和時代にかけて製造
された名機C51形蒸気機関車が、C57等の
後継機と共に最後の活躍を続けていた。43
号機は1921（大正10）年製。1957（昭和32）
年に山陰本線の豊岡機関区から長崎機関区へ
転属して来た。その後、早岐機関区へ転属し
たが、1963（昭和38）年に廃車されるまで晩
年を長崎本線で過ごした。
◎佐世保線　佐世保
1962（昭和37）年3月3日

煉瓦壁の扇形機関庫が車窓を流れた。早岐機関区
は九州鉄道が早岐機関庫として明治時代に開設し
た伝統ある車両基地だ。長崎本線等が国有化され
た後の1936（昭和11）年に早岐機関区と名称を変
えた。第二次世界大戦中から昭和40年代にかけて
C51、C55、C57と旅客用パシフィック形蒸気機関
車が多く在籍した。
◎長崎本線　早岐
1962（昭和37）年3月3日

国鉄線に姿を見せた島原鉄道のキハ20 03。同鉄道は1953（昭和28）年より諫早駅から長崎本線に乗り入れ、長崎駅までの直通運転を始めた。1960（昭和35）年には新設された準急「ながさき」の上り列車と併結し博多駅まで乗り入れた。国鉄線への直通運転は1980（昭和55）年まで続けられた。
◎諫早　1962（昭和37）年3月3日

大村線

大村湾と佐世保湾を結ぶ早岐瀬戸へ宮村川が注ぐ付近にある大村線南風崎（はえのさき）駅。最寄りに浦頭という港があり航路との接続駅だった。第二次世界大戦後、港には中国、東南アジア等からの引揚者が到着し、当駅から引揚者専用列車に乗車していた。引揚者の到着は1950（昭和25）年頃まで続いた。
◎大村線　南風崎　1962（昭和37）年3月3日

乗車した列車はスイッチバック駅で停車した。眼下に見える急勾配の本線を、急行形のキハ58と準急形のキハ55で編成した快速が、紫煙を吹き上げながら通過して行った。本川内は1943（昭和18）年に信号場として開設された山間の小駅。第二次世界大戦後の1952（昭和27）年6月1日に駅となった。
◎長崎本線　本川内
1962（昭和37）年3月3日

九州とはいえ未だ肌寒い空気の中を、D51形蒸気機関車が牽引する貨物列車が白煙をなびかせて走り去って行く。編成中には2軸の冷蔵車が多く連結されていた。長崎市界隈、および長崎本線の沿線には漁港が点在。近海で捕れる魚介類が豊富に水揚げされ、保冷設備を備えた専用車に積み込んで鉄道で遠方へ出荷された。
◎長崎本線　喜々津
1962（昭和37）年3月4日

長崎電気軌道

長崎駅の向こう正面にはNHKの近代的な建物があった。
その周囲には民家と思しき瓦屋根の家屋が集まっている。
丘陵地の下で広い幅を取られた道路は、市街地の北部を縦
断する国道202号。停留場は国道の山側に設置されてい
た。長崎電気軌道では乗降施設（駅）を総称して停留場と
呼ぶ。
◎長崎電気軌道　長崎駅前
1962（昭和37）年3月3日

長崎駅前を軽快に走る202形。1950（昭和25）年製
の半鋼製11メートル車だ。本線大橋停留場～住吉停
留場間の延伸開業に備えて5両が増備された。同時期
に同形の201形も5両製造され、奇数番車が201形。
偶数番車が202形と分けられた。同車には長崎電気軌
道では初となった2軸ボギー台車が採用された。
◎長崎電気軌道　長崎駅前
1962（昭和37）年3月3日

長崎駅前で本線から桜町支線が分岐する。桜町支線は駅前停留場と市役所停留場を結ぶ延長距離900メートルの短い路線だ。同支線は市役所停留場で蛍茶屋支線と接続する。この3路線で市街地を1周する環状線が形成される。現在、桜町支線から蛍茶屋支線へ乗り入れる運転系統はあるが環状運転は行われていない。
◎長崎電気軌道　長崎駅前　1962（昭和37）年3月3日

木造の優しい顔だちをした40形。1921（大正10）年から翌年にかけて40〜61番車の22両が製造された。台車はアメリカブリル社製。電動機、電装機器には同国ウエスティングハウス社製の輸入品が奢られた。第二次世界大戦末期、長崎への原爆投下で8両が消失。しかし、そのうちの5両は後に新製車体を載せて復活を遂げた。
◎長崎電気軌道　長崎駅前
1962（昭和37）年3月3日

後ろの歩道に建ち並ぶみやげもの店には名産品の製菓であるカステラの看板が並ぶ。数両の電車が停車する長崎駅前電停で、2軸単車の40形が異彩を放っていた。運転士の姿勢から車両はゆっくりと動いているように見える。しかし後方の乗降扉は空けられ、女性車掌が出入口を塞ぐように立っていた。
◎長崎電気軌道　長崎駅前
1962（昭和37）年3月3日

大正時代に病院下停留場〜築町停留場間で営業を始めた長崎電気軌道は、短区間の延伸を昭和40年代に至るまで続け、現在の路線網を形成した。2号系統と3号系統はいずれも赤迫停留場と蛍茶屋停留場を結ぶが、3号系統は桜町支線を経由する。長崎駅前停留場で2種類の運転系統票を掲げた電車が出会った。
◎長崎電気軌道　長崎駅前
1962（昭和37）年3月3日

昭和30年代の長崎電気軌道では明治〜大正時代に
製造された木造車体を載せた電車黎明期の車両が
健在だった。170形は元西日本鉄道の35形。西鉄
福岡市内線で使用していた車両を1958（昭和33）
年に譲渡された。7両が移籍し、創業期から使用さ
れてきた2軸の木造単車等を置き換えた。
◎長崎電気軌道
1962（昭和37）年3月3日

広々とした道路を行く自動車はまばらで、キャ
ブオーバータイプの古めかしい姿をした路線
バスや貨物用車が目立つ。街中は未だに路面
電車の天下という風情だった。それでもやっ
て来た二重屋根の電車をカメラで追っている
と、自転車に乗った男性が右手からヨロヨロ
と画面に入って来た。これもまた、のどかさ
を感じさせる港町の一コマである。
◎長崎電気軌道
1962（昭和37）年3月3日

長崎電気軌道の軌間は標準軌の1435㎜。小型の路面電車が履く台車は、車軸間の長さが車幅一杯近くまでになる。また複線軌道の間にもう1両電車を走らせることができそうな間隔があるようにも見える。行き交う車両は大正から昭和初期製のものが多かったが、創業時より施設等の近代化に先見の明があった社風を感じ取ることができた。◎長崎電気軌道　長崎駅前　1962（昭和37）年3月3日

おっとりとした釣り掛けモーターの駆動音がのどかな雰囲気を醸し出した。行き交う自動車の間から200形が姿を見せる。車内には乗客の頭が窓越しに連なって見られ、結構な乗車率であることを窺わせる。自動車の普及が途上だった地方都市では、路面電車が庶民にとって貴重な生活の足だった。
◎長崎電気軌道　1962（昭和37）年3月3日

加速をつけて来た路面電車を街中で流し撮り。後には日本の石油会社である丸善石油（現・コスモ石油）のトレードマークだったつばめが舞った。150形は元箱根登山鉄道のモハ20形。小田原市内線の廃止に伴い1957（昭和32）年に5両が譲渡された。これらの電車は譲渡を前に車体の切断、繋ぎ合わせ改造を施工されて11メートル車となった。◎長崎電気軌道　1962（昭和37）年3月3日

軌道周辺には石畳が敷かれ、広々とした雰囲気の長崎駅前。駅舎の向かい側には背の高いビルが建ち、第二次世界大戦下の原子爆弾投下で焦土と化した悪夢より15年以上の歳月を得て「もはや、当の昔に戦後ではないぞ」と、駅から出て来る旅行者に向かって主張しているかのようだった。
◎長崎電気軌道　長崎駅前
1962（昭和37）年3月3日

背後に巨大なガスタンクがそびえる御船町停留場。1915（大正4）年に八千代町停留場として開業した。当初は長崎本線と並行する道路上にあり、長崎機関区の最寄り駅だった。第二次世界大戦下での廃止を経て、新たな道路に新設された軌道上で御船町停留場として復活。1969（昭和44）年に八千代町停留場と再改称した。
◎長崎電気軌道　御船町
1962（昭和37）年3月3日

自家用車が庶民に浸透し始めた頃、荷物の運搬等に手軽さで人気を博したオート三輪車と庶民の足として重宝された路面電車が目の前で擦れ違った。360形は1961（昭和36）年に登場した撮影当時の新鋭車両。全鋼製の2軸ボギー車で7両が製造された。方向転換不要のZ形集電装置、コイルばね台車、室内蛍光灯等の新機軸が盛り込まれた。
◎長崎電気軌道　御船町
1962（昭和37）年3月3日

市街地を貫くのは周囲の道に比べて一段と幅が広い国道。その上に複線の軌道が敷かれている。電車が上下線に2両ずつ走り、結構な頻度で運転されている様子を窺える。国道の右手には川が流れ、その向こうには工場の煙突。左手には住宅と思しき屋並が広がっていた。街を取り囲む山塊の一角から望んだ、港町長崎の日常風景だ。◎長崎電気軌道　1962（昭和37）年3月4日

長崎本線の浦上駅から北へ500mほど離れた国道上にある大学病院前（現・大学病院）停留場。停車している木造電車130形は、1939（昭和14）年に阪神急行電鉄から譲渡された元151形である。その151形も大正時代に大阪市電の11形を譲り受けた電車だった。131、133番車は1951（昭和26）年に車体を新製したものに乗せ換えた。◎長崎電気軌道　大学病院前　1962（昭和37）年３月４日

二重屋根と縦板が並ぶ木造車体が、小型車両
ながら風格を醸し出す40形。49番車は第二
次世界大戦末期、長崎への原子爆弾投下で焼
失した車両だ。戦後になって被災した車両8
両のうち、5両を新たに製造した車体等に載
せ替えて自社工場で復旧した。49番車は復旧
車のうちの1両。出入口扉の下にはステップ
が取り付けられている。
◎長崎電気軌道　長崎駅前
1962（昭和37）年3月4日

路線バスの車庫やタクシー会社が並ぶ通りを行く
211形。1950（昭和25）年の大橋停留場〜住吉停
留場間延伸開業に伴う利用者増に対応すべく、200
形の増備車として1951（昭和26）年に6両が製造
された。台車の吊りリンク機構が改良され、主電動
機、電装機器等に異なる社のものを採用したため、
200形と別の形式がつけられた。
◎長崎電気軌道
1962（昭和37）年3月3日

長崎本線の終点である長崎駅前付近の賑わい。長崎駅前停留場は本線の途中駅だが、五島町停留場方で桜町支線が分岐しており、路面電車は当停留場でしばらく停車するのが常だった。3と記された系統表示板を掲出する画面中央と左端の電車は桜町支線へ向かう。系統番号2を掲出した電車は、程なくして本線を直進して行った。◎長崎電気軌道　長崎駅前　1962（昭和37）年3月4日

急峻な山の稜線が沿岸部近くまでせり出した長崎市街地の地形。平坦部分は思いのほか狭い。停留場付近から東方を望むと、路面電車の後には山塊がそそり立つ。なだらかな斜面の中腹には家屋が密集し、その上には田畑が耕作されている様子だ。山中には狭い道が網の目のように張り巡らされている。
◎長崎電気軌道　長崎駅前　1962（昭和37）年3月3日

国鉄駅前には広い駐車場が設けられていた。停車
している自動車はほとんどが自家用車のようで、
大きな荷物を携えた旅行客の姿も見える。駐車場
の国道側には路面電車用の信号塔が建つ。信号施
設等が完全に自動化される前は、塔内で分岐器や
信号機の切り替え作業が行われていた。
◎長崎電気軌道　長崎駅前
1962（昭和37）年3月4日

ホームで数人のお客が待つ停留場に、系統番号3
の札を掲げた赤迫行きの電車が入って来た。小川
町停留場は1919（大正8）年に豊後町停留場と
して開業。1921（大正10）年に小川町停留場と改称
した。停留場名のかな読みは「おがわまち」だが、
所在地町名は「こがわまち」と呼称する。1966（昭
和41）年に桜町と再度改称した。
◎長崎電気軌道　小川町
1962（昭和37）年3月4日

長崎駅前停留場付近を東方から望む。国鉄駅の
背後には山頂付近に展望台を備える稲佐山（標
高333メートル）の稜線が連なる。山頂へは麓の
淵神社駅から長崎ロープウェイで向かうことが
できる。展望台から観る市街地の夜景は秀逸で、
2012（平成24）年にモナコ、香港とともに世界新
三大夜景と認定された。
◎長崎電気軌道　長崎駅前
1962（昭和37）年3月4日

桜町支線内で唯一の停留場である小川町（現・桜町）停留場付近。背景のビルは長崎市役所の庁舎である。長崎市役所は1899（明治22）年8月9日。旧長崎区役所庁舎を受け継いで開庁した。当所の市役所施設は1959（昭和34）年、新庁舎完成に伴い桜町庁舎として別館の扱いになっていた。
◎長崎電気軌道　小川町　1962（昭和37）年3月3日

地形が掘割状になった桜町通りを行く300形。桜町支線は本線と蛍茶屋支線を短絡する路線だ。道路の両側に高い壁が続く様子は、地元民しか知らない近道の様でもある。道路の北側には緑の木々が彩る桜町公園があり付近の道路、軌道は現在、上屋で被われている。その先で赤迫行きの電車は国道34号を潜る。
◎長崎電気軌道　小川町　1962（昭和37）年3月3日

桜町付近から長崎駅方向を望む。街中にシュロの木が立ち並ぶ情景は、西九州の都長崎らしい。かつての桜町停留場は桜町公園東方の国道34号上にあり、軌道は現経路の北側を通っていた。1954（昭和29）年に線路が付け替えられて桜町停留場は廃止。現在の桜町停留場がある位置に小川町停留場が設置された。
◎長崎電気軌道　小川町
1962（昭和37）年3月3日

駅前ロータリーの先に国道202号が通る長崎駅前。道路の中央部に敷かれた軌道上にある路面電車の停留場へは、道路を横断して向かうことになる。写真左手にはバスの停留場がある。バスターミナルの機能を備える交通産業会館ビルが駅前に竣工したのは1963（昭和38）年で、訪れた際には建設予定地は塀で囲まれていた。
◎長崎電気軌道　長崎駅前
1962（昭和37）年3月3日

長崎本線の旅が終点に差し掛かったところで、家屋の間から二重屋根の木造電車が視界に飛び込んで来た。長崎電気軌道本線は、西町停留場付近から市街地に向かってしばし国鉄線と並行する。電車の行先表示に掲出されている車庫が隣接する停留場は、1966（昭和41）年に浦上車庫前停留場。2018（平成30）年に浦上車庫停留場と改称した。◎長崎電気軌道　浦上車庫前　1962（昭和37）年3月3日

島原鉄道

島原半島の沿岸部をなぞり、諫早駅と加津佐駅を結んでいた島原鉄道。諫早市郊外の広々とした田園風景の中に線路が続いていた。新旧の気動車2両で編成された列車が青空の下を駆け抜ける。先頭のニ107は1937年製の元湯ノ口鉄道カ6形。島原鉄道へ譲渡されてキ107となり、後にエンジンを外されて荷物車となった。
◎島原鉄道　1962（昭和37）年3月4日

熊本市交通局

国鉄熊本駅と連絡する熊本駅前停留場を発車した電車は180形。全長12メートル。半鋼製、低床構造のボギー車である。1954（昭和29）年に7両が製造された。正面周りは中央部に据えた運転台前の窓を大きく取った3枚窓の構成。左右の窓上にはベンチレーターを備えていた。
◎熊本市交通局　熊本駅前　1962（昭和37）年3月4日

運転台周りが客室部より絞られて細身に見える120形。全長12.8メートルの半鋼車である。開業以来、綿々と単車ばかりを使用してきた熊本市交通局で初のボギー車となった。1949（昭和24）年に6両が製造された。正面周りは中央部に据えた運転台前の窓が大きい3枚窓の構成。客室部と運転台周りの間にある小窓部分は、左右方向に傾斜している。◎熊本市交通局　1962（昭和37）年3月4日

系統番号1と記した看板を掲出して停留場に
到着した160形。行先表示は黒髪線の終点小
飼橋停留場だった。黒髪線はかつて幹線の終
点だった浄行寺停留場と小飼橋停留場を結ぶ
0.41キロの盲腸線だった。1928（昭和3）年
に全区間が開業し、1972（昭和47）年に廃止
された。また線内唯一の途中駅だった薬園町
停留場は1943（昭和18）年に廃止された。
◎熊本市交通局　熊本駅前
1962（昭和37）年3月4日

鹿児島本線熊本駅からの乗り換え玄関口となる熊
本駅前停留場のホームは、路面電車用の低い安全柵
等を有する頑強そうな造りだった。駅前には扉を
開けた人待ち顔の自動車や大勢の人が歩いている
様子。しかし、黒髪線の終点子飼橋停留場行きの電
車に乗る客は少なく、電車の窓越しに景色が透けて
見えていた。
◎熊本市交通局　熊本駅前
1962（昭和）37年3月4日

写真の奥に見える建物は、構内を隠そうとするかのように長く延びる国鉄駅のビル。建物越しに蒸気機関車が吹き上げたと思しき煙が立ち昇っていた。手前には頂頭部へ城郭の天守をあしらった広告塔が建つ。「躍進熊本大博覧会」は明治時代に勃発した西南戦争で焼失した熊本城の再建を記念し、1962（昭和37）年に開催された催しだった。◎熊本市交通局　熊本駅前　1962（昭和）37年3月3日◎熊本市交通局　1962（昭和37）年3月4日

当時は幹線の途中にありながら運行する電車の拠点であった田崎橋停留場を目指して通りを駆ける150形。先に新型車として投入された120形・130形に続く熊本市交通局で3代目のボギー車として1950（昭和25）年に4両が製造された。車体は全長12.8メートルの半鋼構造。大阪府堺市にあった広瀬車両が手掛けた。
◎熊本市交通局　1962（昭和）37年3月4日

周囲に目立つ看板はパチンコや麻雀等の遊興施設。特産品の広告やみやげもの店で占められていない様子が、都会の駅前らしい風情を湛えていた。停車する電車は190形。全長12メートルの半鋼製車体を備える。1957（昭和32）年に5両が製造された。正面周りは先行して登場したボギー車と同じ3枚窓の仕様。側面の客席窓上に立ち席窓を備えていた。◎熊本市交通局　熊本駅前　1962（昭和）37年3月4日

豊肥本線

ヘッドマークを掲げた優等列車の到着で、ホームはにわかに活気付いた。準急「ひかり」は博多駅と熊本駅を時計回りに鹿児島本線、日豊本線、豊肥本線経由で結ぶ長距離列車として運転された。途中別府、阿蘇等に停車し、高度経済成長下の好景気で観光客の乗車増加を見込んでいた。同列車は1962（昭和37）年10月1日に急行となった。◎豊肥本線　三里木　1962（昭和）37年3月5日

重連で駅に停車する9600形蒸気機関車。九州に配置された蒸気機関車は、運転台下部の点検扉を外したものが多かった。その形態は切り取り式の除煙板とともに地域の特徴であった。運転台の長時間に亘る停車中なのか、機関車の前方では列車の運転に携わる機関士、機関助士が畦道に腰を下ろして休憩を取っているようだ。◎豊肥本線　立野　1962（昭和）37年3月5日

阿蘇外輪山の内側へ上がる山麓の駅、三里木で息を整えるＣ58形蒸気機関車。急峻な山間部が控える豊肥本線では9600形蒸気機関車の他に旅客列車等でＣ58形が充当された。同機は1937（昭和12）年から第二次世界大戦後にかけて製造された客貨両用の中型機。426号機は1947（昭和22）年製で戦後生まれの機関車だ。
◎豊肥本線　三里本　1962（昭和）37年３月５日

ヘッドマークを掲出した準急「ひかり」が駅に入線して来た。専用車両のキハ55等は、淡い黄色の地に赤い帯を巻いた気動車準急塗装だ。「ひかり」が運行を開始した後、「第2ひかり」を名称変更した「ひまわり」や熊本駅〜別府駅間の準急「火の山」等が設定され、豊肥本線を走る優等列車は多様になった。
◎三里本
1962（昭和）37年3月5日

三段スイッチバックで急勾配区間を克服する豊肥本線の立野駅〜赤水駅間。キハ55系気動車で編成された準急「ひかり」が33パーミルの急坂を上がって来た。博多駅〜小倉駅〜別府駅〜熊本駅間を鹿児島本線、日豊本線、豊肥本線経由で結ぶ列車は臨時急行として1958（昭和33）年5月1日に登場。同年8月1日から定期の準急として再設定された。
◎豊肥本線　立野〜赤水
1962（昭和37）年3月5日

熊延鉄道

構内を豊肥本線の上熊本駅と共有した熊延(ゆうえん)鉄道。島式ホームにヂハ200形が停車していた。国鉄80系電車に似た正面2枚窓の機械式気動車は1953(昭和28)年製。同鉄道に配置された後、変速機を液体式に載せ替えた。その後も総括制御運転は行わず終始単行で運転された。
◎熊延鉄道　上熊本　1962(昭和37)年3月6日

所々に2軸貨車が留め置かれた南熊本駅の構内にたたずむヂハ103形。13メートル級の機械式気動車は1934(昭和9)年の製造。元島原鉄道のキハ103形で1952(昭和27)年に熊延鉄道へ譲渡された。正面窓上の低い位置に取り付けられた前照灯が過渡期の気動車らしく、少し野暮ったい表情をつくっている。
◎熊延鉄道　1962(昭和37)年3月5日

長い煙突や角ばった前側のドーム等、細部が個性的な設えとなった5号機関車。御船鉄道が熊延鉄道へ社名を変更した後の1932（昭和7）年。甲佐駅〜砥用駅間の延伸開業に伴う増備機として日本車輌製造で1両が製造された。撮影時には新製から30年余りを経ており、側面の水槽等に疲れが見られた。
◎熊延鉄道　1962（昭和37）年3月5日

5号機関車を真横から眺める。動輪やシリンダー等の下回りに比べ、ボイラー、水槽等の上回りが大柄に見えた。後部の石炭庫は短路線用の機関車としては充分な大きさだったのか。本機は1964（昭和39）年3月31日の鉄道廃止まで現役を貫き、記念列車の牽引を担当する栄誉に即した。
◎熊延鉄道　1962（昭和37）年3月5日

昭和30年代に入ると使用してきた蒸気機関車の老朽化が顕著になり始めた。代替機としてディーゼル機関車を導入することとなり、1960（昭和35）年にＤＣ25形1両を帝國車輛工業で製造した。全長7メートル余りの小型機は形式名が示す通り、3対の動輪を備える、自重25トンのディーゼル機関車だった。
◎熊延鉄道　1962（昭和37）年3月5日

下回りを外して点検整備中のヂハ101形。15メートル級の半鋼製車体を持つ機械式気動車である。正面の窓は運転席を片側に寄せた2枚仕様。1950（昭和25）年に汽車製造で2両が製造された。客室の扉は外され、ウインドウシル・ヘッダーが新調されているようで、本格的な修繕を受けている最中のようだった。
◎熊延鉄道　1962（昭和37）年3月5日

ハ12形客車。ハ11形と同様、ガソリン動車を付随車化した車両である。動力車の主力が気動車になってからは、ヂハ101形等に牽引されて朝夕の混雑時における増結車として使用された。日中は南熊本駅の構内に留め置かれていることが多く、木造車がいる昼下がりの構内は、鉄道博物館の様相を呈していた。
◎熊延鉄道　1962（昭和37）年3月5日

ハ11形客車。元は2軸のガソリン動車ガハ11形で1928（昭和3）年に梅鉢鉄工所で製造された。第二次世界大戦下で燃料不足が深刻になった際に機関、機器を取り外して付随車化された。簡潔な構造をした台車枠の上に木造の車体が載る。出入口の下部には、ステップが取り付けられていた。
◎熊延鉄道　1962（昭和37）年3月5日

豊肥本線の上熊本駅前を終点としていた春竹線。本線の辛島町停留場から延びる延長1.7キロの路線だった。本線とともに熊本市内を横断する線形で、熊本と南熊本の国鉄駅前同士を結んでいたが1970（昭和45）年に全線廃止となった。近年になって市内交通体系の見直しが行われ、路線の復活案が浮上した。
◎熊本市交通局　南熊本駅前
1962（昭和37）年3月5日

春竹線の代継橋停留場。熊本市内を流れる白川に
架かる代継橋を渡る国道266号と、川の左岸を通る
国道3号との交差点付近に設置されていた。当停
留場は第二次世界大戦下で廃止した新鍛冶屋町停
留場を、1959（昭和34）年に代継橋の名称で復活
させたもの。同時にそれまで代継橋を名乗ってい
た一つ隣の停留場は本荘中通と改称した。
◎熊本市交通局　代継橋
1962（昭和37）年3月5日

繁華街を進む電車は続行運転。各車両は異なる番号の運転系統票を掲出していた。1系統は田崎橋停留場から幹線を進み、浄行寺停留場から黒髪線へ入って子飼橋停留場に至る運用。2統は田崎橋停留場から幹線、水前寺線、健軍線経由で健軍停留場に至る。1系統は黒髪線の廃止で1970（昭和45）年に消滅。2系統は2011（平成23）年にＡ系統と改称した。
◎熊本市交通局
1962（昭和37）年3月5日

石畳が敷かれた軌道を行く電車を名城が見守る。熊本城は市内の茶臼山丘陵に築かれた平山城。室町時代に出田秀信が創建した千葉城が祖といわれる。その後、城主は何代も変遷を遂げるが、江戸時代に入って肥後国の領主となった加藤清正の代に天守が完成した。幹線が通る通り町筋からは西方に漆黒の天守を正面から望むことができる。
◎熊本市交通局
1962（昭和37）年3月3日

時計の針が5時を回っても九州の日脚は長く、街中は明るい様相を呈していた。それでも就業時間とともに勤め帰りの人々が、大通りの中程に設けられた市電のホームに集まって来た。遠方の視界が利かないくぐもった空気の中、熊本駅方面へ向かう電車が停留場に迫る。今日も忙しかった一日が終わろうとしていた。
◎熊本市交通局　通町筋　1962（昭和37）年3月5日

通町筋停留場は昭和20年代に熊本市内で起業した鶴屋百貨店の最寄り。周辺には上町、下町のアーケード商店街が続き、南九州随一の買い物街として活況を呈している。訪れた際には街角に幟が立ち、お祭り気分を盛り上げていた。子飼橋停留場行きの電車は、開催中だった躍進熊本大博覧会の広告装飾を施されていた。
◎熊本市交通局　通町筋　1962（昭和37）年3月5日

熊本電気鉄道

熊本市内と温泉地がある隣の菊池市を結び、地元で「菊池電車」の愛称として親しまれている菊池電気鉄道。1911（明治44）年10月1日に池田（現・上熊本）駅～
千反田（現・藤先崎宮前）駅が開業した。後に路線は隈府（現・菊池）駅まで延伸され、1923（大正12）年に全線の電化が完成した。藤崎宮前駅は藤崎線の終点。旧
駅舎は切妻屋根の木造だった。◎熊本電気鉄道　藤崎宮前　1962（昭和37）年3月5日

繁華街の停留場で上下の2系統電車が出会った。
国鉄熊本駅方面行きの電車には、多くの客が乗り
込もうとしている様子。横断歩道を渡り、急ぎ足で
ホームに向かう人もいた。電車停留場のホームに
建つ票には「通町筋」と記載されているのに対し
て、左手の歩道側に建つバス停の票には「通り町筋」
と記されていた。
◎熊本市交通局　通町筋
1962（昭和37）年3月3日

単行でホームに停車するモハ121形。JR南武
線の祖である南武鉄道が、1926（大正15）年か
導入した元モハ100形だ。15メートル級の車
体を持つ半鋼車で15両が製造された。南武鉄
道が国有化された後、1953（昭和28）年に施行
された車輌称号規定改正でモハ6000形となっ
た。1956（昭和31）年と1959（昭和34）年に
1両ずつ、熊本電気鉄道へ譲渡された。
◎熊本電気鉄道　藤崎宮前
1962（昭和37）年3月3日

構内の外れで待機するモハ301形。集電装置を上げ、運用に就く準備が整った様子だ。同車両は元小田急のデハ1100形。小田急の祖となった小田原急行鉄道が、路線の開業に際して導入した1形電車で、1926（大正15）年から翌年にかけて18両が製造された。14メートル級車体を持つ半鋼製車で、1959（昭和34）年に4両が熊本電気鉄道へ譲渡された。◎熊本電気鉄道　1962（昭和37）年3月5日

熊本電気鉄道が軌道から地方鉄道へ移行した際に導入したモハ51形。電動機、電装機器等を外し、付随車ホハ52形となって姿を留めていた。正面の上方には前照灯を取り付けられていた跡があった。1943（昭和18）年製だが木造車体を載せ、床下には小振りなトラス棒を備えていた。
◎熊本電気鉄道　1962（昭和37）年3月5日

幹線の末端区間にあった藤崎宮前停留場。国鉄の上熊本駅前まで、県道上を西に進む坪井線が分岐していた。幹線のホームは国道3号上。坪井線のホームは県道との交差点近くにあった。坪井線は1970（昭和45）年に廃止された。また幹線の水道町停留場～浄行寺町停留場間も1972（昭和47）年に廃止され、市電は藤崎宮界隈から姿を消した。◎熊本市交通局　藤崎宮前　1962（昭和37）年3月5日

境内の入り口に大鳥居が立つ藤崎八幡宮の最寄り駅だった藤崎宮前停留場。1924（大正13）年に幹線、熊本駅前停留場～浄行寺町停留場間の開業に伴い、廣町停留場として開業した。また1954（昭和29）年には当停留場～上熊本駅前停留場間に坪井線を開業した。坪井線は熊本電気鉄道から譲渡された軌道を活用した路線だった。◎熊本市交通局　藤崎宮前　1962（昭和37）年3月5日

周辺は道路工事の最中で、雑然とした空気に包まれていた幹線の慶徳校前停留場。市立慶徳小学校の最寄りである。当停留場は第二次世界大戦後の1950（昭和25）年に開業した。停留場付近は古川町停留場があったが、1943（昭和18）年に廃止され、700メートル程の区間が停留場の空白地帯になっていた。
◎熊本市交通局　慶徳校前
1962（昭和37）年3月5日

慶徳校前停留場から市内南部の川尻町へ向かう川尻線が分岐していた。当路線は1926（大正15）年に世安橋停留場～岡町停留場間が開業。1927（昭和2年）に部分区間の延伸を重ね、同年9月8日に河原町停留場～川尻町停留場間全線が開業した。小振りな10形電車が専用車両のように当路線の運用に就いた。
◎熊本市交通局　慶徳校前
1962（昭和37）年3月5日

石畳が整然とした紋様をかたちづくる軌道上を行くのは2軸単車の100形。熊本市が市内交通の利便化を進める施策として路面路線を開業した1924（大正13）年から製造された。窓枠等がHゴムで固定化されたりアルミサッシに替えられることもなく、現役末期まで原型の雰囲気を良く保っていた。
◎熊本市交通局　慶徳校前　1962（昭和37）年3月5日

熊本駅で発車時刻を待つ準急「くまがわ」。博多駅～人吉駅間を鹿児島本線、肥薩線経由で結ぶ列車として1959（昭和34）年に運行を開始した。同時期に準急等の優等列車を全国に普及させた気動車のキハ55等が充当された。ヘッドマークは車端部の貫通扉下部に掲出していた。
◎豊肥本線　熊本　1962（昭和37）年3月5日

補機仕業を終えたD51形蒸気機関車が、下り勾配の続く山路を人吉へ帰って行った。ループ線とスイッチバック駅が控える矢岳越え。昭和40年代半ばまで蒸気機関車が輸送の主役だった。人吉機関区に配置されていたD51は、大型の集煙装置や石炭と併燃する重油を収めた油槽を装備した勇壮な姿だった。
◎肥薩線　大畑　1962（昭和）37年3月7日

肥薩線

C51形蒸気機関車が機関区で休んでいた。原形機とは大きく印象の異なるパイプ煙突を装備した車両だが、当時はすでに現役機は貴重な存在となっていた。270号機は1958（昭和34）年に山陰本線の米子機関区から転属。肥薩線で矢岳越えの補機等を担当し、晩年を吉松機関区で過ごした。
◎肥薩線　吉松
1962（昭和）37年3月7日

吉都線

C51 170号機を非公式側から見る。動輪はC57形蒸気機関車等と同じボックス型動輪となり、スポーク型動輪を履いていた原形の優美さは削がれている。加えてパイプ煙突、前端部は斜直線に変更されていた。いずれも晩年のC51に見られた改造だが、そこに大正の名機と称された急客機の面影を見出すことは難しくなっていた。
◎肥薩線　吉松
1962（昭和）37年3月7日

宮崎県都城市の郊外で大正時代に開業した吉都線の谷頭駅。中山間地の田園地帯にある小駅だが、近くにはひなびた温泉宿がある。列車交換待ちの間。ホームに出ると反対側から貨物列車がやって来た。牽引機はC51形蒸気機関車。煙突の後ろに載せた給水温め器は後付けの装備だが、化粧煙突を残す姿に心が躍った。
◎吉都線　谷頭
1962（昭和）37年3月7日

客車列車の先頭に立ちホームに停車するC57 151号機。磨かれ塗装された煙室戸ハンドル。給水温め器に4本のモールを巻く。同機は1952（昭和27）年に小倉工場へ入場した際、除煙板を切り取り式のものに交換。同時に鉄道開業80周年を記念して、新たに装備した除煙板に「富士と羽衣」を意匠化した装飾が施された。
◎吉都線　谷頭
1962（昭和37）年3月7日

日豊本線

10系客車で編成された急行列車を牽引するDF50形ディーゼル機関車。1957（昭和32）年から製造された、本線用の電気式ディーゼル機関車だ。日豊本線に投入された車両は川崎重工、日立製作所が西ドイツ（現・ドイツ）のMAN社と技術提携して製造した機関を搭載する500番台機だった。
◎日豊本線　西都城
1962（昭和）37年3月7日

志布志線

志布志線の貨物列車を牽引するC11形蒸気機関車。運転台付近では機関助士とホーム間の職員用通路に下りた駅職員が、通票の授受を行っていた。145号機は志布志機関区の所属。新製から2年足らずの期間を経て西唐津機関区から転属して来た。以降、1973（昭和48）年に廃車されるまで生涯のほとんどを同区で過ごした古参機関車だ。志布志駅を拠点とする日南線、志布志線等の運用に就いた。
◎志布志線　西都城
1962（昭和）37年3月7日

安楽駅に客車列車が入って来た。牽引する機関車は8620形蒸気機関車。大正生まれの旅客用機である。線路の間に敷かれた狭い通路に駅職員が立ち、機関助士から通票を受け取ろうとしている。志布志線の末期には棒線駅となった当駅だが、当時の構内は列車交換ができる対向式ホーム2面2線の構造だった。
◎志布志線　安楽
1962（昭和）37年3月7日

志布志機関区に配置されていたキハ07形気動車。窓枠等は全て木製で、原形の雰囲気を良く残している。40番車は同区に所属する唯一の機械式気動車となっていた。液体式変速機を備える新型気動車との総括運転ができないため、日中の閑散時間帯に志布志線等の運用に単行で充当されていた。
◎志布志線　安楽
1962（昭和）37年3月7日

半円形の車端部が目を惹くキハ07形気動車。改番前の形式であるキハ42000、42500形は、1935（昭和10）年から3年余りの間に65両が製造された。昭和30年代に入ると後に登場した液体式変速機を備える新系列気動車の台頭で、急激に国鉄線上から姿を消していった。南九州の志布志線には1両が残り、余生を過ごしていた。
◎志布志線　安楽
1962（昭和）37年3月7日

線路の両側に腕木式信号機が建つ西都城駅を出て、単行で志布志線に向かうキハ10形気動車。国鉄形10番台の気動車で代表形式となるキハ17形の成功を受けて1955（昭和30）年から製造された両運転台仕様の車両だ。キハ17形は国鉄形気動車で始めて液体式変速機を採用。両数を繋いだ列車の総括制御を可能にし、地方路線の効率的な輸送力増強に貢献した。派生形式のキハ10形は増結車等として使用された。
◎志布志線　安楽
1962（昭和37）年3月9日

背の高い給水塔が印象的な宮崎機関区で息を整えるかのように薄く煙を吐くC55 8号機。水かき付きのスポーク動輪を履く旅客用機は1935（昭和10）年製。1941（昭和16）年に山陰本線の福知山機関区から鹿児島機関区に転属し、以降は九州内の機関区を渡り歩いて南国に根差した機関車となった。宮崎機関区に在籍したのは撮影時を含む2年余りの期間だった。
◎吉松
1962（昭和37）年3月7日

優しい光が機関区にたたずむ旅客用機関車に降り注いでいた。C5527号機は1936（昭和11）年製。製造時に流行した流線形の外装で登場した20両のうちの1両だ。運転台の屋根部分が大きな弧を描く形状になっており、流線形車両であった時代の名残となっていた。標準型仕様への改装は1951（昭和26）年に小倉工場で施工された。
◎日豊本線　宮崎
1962（昭和37）年3月8日

大分交通

連接車1000形。片方の車体が停留場の末端部に据えられていた。台車を外され、屋根からビニールシートが垂れ下がっている。どうやら運用を前に新たな時代の到来を予感させた、新型車両のお披露目が駅前で行われるようだ。後方に部品、機材を運ぶ人の姿、フォークリフト車が見える。
◎大分交通　1962（昭和37）年3月8日

連接車1000形のB車体が軌道から外れた道路上に置かれていた。連結面は塞がれ、留置されてからしばらく時間が経っているように見える。同車両は私が九州を訪れた1962（昭和37）年製なので、搬入先で組み立てられる前の姿なのかも知れない。腕章を腕に巻いた社員と思しき人が、1人で警備に当たっていた。
◎大分交通　1962（昭和37）年3月8日

国道10号に続く駅前通りを走る200形。大分交通別大線は大分駅前停留場と亀川駅前停留場を結ぶ18.4キロの路面軌道だった。路線の祖は明治時代に別府停留場～堀川停留場間の路線を開業した豊州電気軌道まで遡る。県下3都市を結ぶ交通機関として一時期は盛況を博すも、自動車の台頭等により1972（昭和47）年に全線が廃止された。◎大分交通　1962（昭和37）年3月8日

大分交通が保有した連接車の1000形。別大線で激しさを増していた朝夕等の混雑に対応すべく、1962（昭和37）年に1編成が製造された。車端部周りは3枚窓の構成で、運転席前の中央1枚は固定式になっている。車端部横に通票の授受器を備え、上方の側窓には保護柵が設置されていた。
◎大分交通　1962（昭和37）年3月8日

駅、機関区に隣接した構内で貨車の入れ替え作業が行われていた。機関車が丁度、分岐器の上に差し掛かったところで、機関士が運転台から顔を出して前方確認を行う中、機関車の前端部にも職員が乗り、前方を見据えている。ホームには大柄な給水栓が見え、未だ蒸気機関車が鉄路の主役であることを窺わせていた。
◎日豊本線　宮崎　1962（昭和37）年3月8日

雨が降る門司駅のホームに停車するＥＦ30形電気機関車。1961（昭和36）年に鹿児島本線の門司港駅〜久留米駅間が交流電化され、すでに直流電化されていた関門トンネルを含む山陽本線区間から直通運転できる車両が必要となった。本機は九州内の電化開業を前に1960（昭和35）年から製造された、ステンレス車体を持つ交直流両用機関車である。◎鹿児島本線　門司　1962（昭和37）年3月8日

【写真】

小川峯生（おがわみねお）

1938（昭和13）年、東京・麻布に生まれ、都電と山手線に囲まれて育つ。10歳の頃から当時須田町にあった交通博物館の「子供科学教室」に通いはじめ、鉄道模型製作や鉄道写真撮影を開始して鉄道趣味に入る。高校に鉄道研究部があり、この頃から本格的な鉄道ファンになる。路面電車やゲタ電、ダイヤや車両運用、性能の研究、鉄道写真撮影を中心に活動し、現在までそれらを続けている。鉄道趣味誌への寄稿、著書多数。「鉄道友の会」元監事。

【解説】

牧野和人（まきのかずと）

1962（昭和37）年、三重県生まれ。写真家。京都工芸繊維大学卒。幼少期より鉄道の撮影に親しむ。平成13年より生業として写真撮影、執筆業に取り組み、撮影会講師等を務める。企業広告、カレンダー、時刻表、旅行誌、趣味誌等に作品を多数発表。臨場感溢れる絵づくりをモットーに四季の移ろいを求めて全国各地へ出向いている。

◎喜々津　1962（昭和37）年3月4日

昭和37年3月
九州鉄道旅行写真帖

発行日‥‥‥‥‥‥‥‥‥‥2023年8月4日　第1刷　※定価はカバーに表示してあります。

解説‥‥‥‥‥‥‥‥‥‥‥小川峯生（写真）、牧野和人（解説）
発行人‥‥‥‥‥‥‥‥‥‥高山和彦
発行所‥‥‥‥‥‥‥‥‥‥株式会社フォト・パブリッシング
　　　　　　　　　　　〒161-0032　東京都新宿区中落合2-12-26
　　　　　　　　　　　TEL.03-6914-0121　FAX.03-5955-8101
発売元‥‥‥‥‥‥‥‥‥‥株式会社メディアパル（共同出版者・流通責任者）
　　　　　　　　　　　〒162-8710　東京都新宿区東五軒町6-24
　　　　　　　　　　　TEL.03-5261-1171　FAX.03-3235-4645
デザイン・DTP‥‥‥‥‥柏倉栄治
印刷所‥‥‥‥‥‥‥‥‥‥サンケイ総合印刷株式会社

ISBN978-4-8021-3417-0 C0026